KB273019

TRIZ
MIND MAP
TRIZ
CREATIVE
TRIZ
MIND MAP
CREATIVE

_____________________ 님께

소중한 당신께 이 책을 선물로 드립니다.
언제나 건강하시고 행복하시길 바랍니다.

년   월   일

_____________________ 드림

창의적 문제 해결 도구, 트리즈란?

소련의 과학자인 겐리히 알트슐러^{G. S. Altsjuller}가 개발한 트리즈^{TRIZ: Teoriya Reshniya Izobretatelskikh Zadatch}는 '문제에서 발생하는 모순을 도출하고,
사고의 전환과 패턴화된 해결책을 통해 문제를 해결하는 방법에 관한 이론'이다.
소련에서 '창의적 문제 해결 도구'로서 각광받았던 트리즈는, 소련 붕괴 이후
서방세계 등지로 확산되었으며 우리나라에는 1990년대 중반 이후에 도입되었다.
특히 포스코는 포스코 3.0 시대의 핵심 도구로서 트리즈를 선택하였고,
2010년에는 사내에 트리즈 대학을 설립하여 전 직원에게 트리즈를 교육하고 있다.

– 출처: 『생각이 열리는 나무, 트리즈 마인드맵』, 오경철·안세훈 저, 성안당

남다른 **창의적인** 사업 아이디어 발상의 힘

트리즈로 정주영 넘어서기

오경철 지음

BM 성안당

추천사

　현대그룹 고 정주영 회장의 창의적인 문제 해결 결과들을 트리즈로 해석한 매우 실용적인 책이다. 누구나 쉽게 트리즈를 문제 해결에 활용할 수 있도록 하는 적절한 사례들은 많다. 그러나 아무리 좋은 문제 해결 기법이라도 어려우면 많은 사람들이 사용할 수 없다. 이 책은 저자의 트리즈 활용 경험을 쉽게 풀이한 실용서다.

– 김호종 박사, 『실용 트리즈』 저자

　트리즈를 통한 창업 및 경영의 실천적 사례를 잘 엮은 책으로, 대학생과 사업가의 필독서로 적극 추천한다.

– 김영기 박사, ㈜지상 대표

정주영에 대한 평가는 많이 있었다. 이 책에서는 정주영을 트리즈^{TRIZ} 전문가의 시각에서 재평가한다. 이미 나와 있는 결과를 다시 재구성하는 것이 어쩌면 새로운 아이디어를 내는 것보다 어려울 수 있다. 이 책은 창의적 아이디어를 도출하는 지름길을 제시하고 있다.

– 한유신, LG 수석 연구원

저자는 트리즈를 모든 상황에 적용할 수 있다고 강조해 왔고 이 책에서 여실히 보여주고 있다. 문제를 정면으로 돌파하기 위한 분석과 모순에 대한 빠른 해결 논리를 익히 알려진 고故 정주영 회장의 사례로 쉽게 설명하고 있다. 빠른 문제 해결을 위해 반드시 읽어야 할 책으로 추천하고 싶다.

– 김성환, SK하이닉스 수석 연구원

진짜 문제를 해결하는 능력,
생각하는 힘을 기르려면

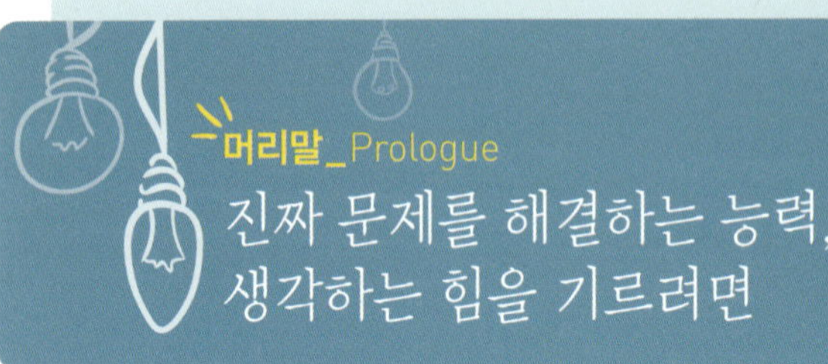

'세상 참 좋아졌다!'

'어떻게 이런 것들이 가능하지?'

사람들은 불과 몇 년 전에만 하더라도 상상조차 하기 힘들었던 일들이 실현되는 세상을 보면서 이와 같이 감탄하며 살아간다.

어렸을 때 '이런 것이 있으면 참 좋겠다.'라며 농담처럼 이야기했던 것들이 현실이 되고 있는 것이다. 그렇다면, 왜 우리는 감탄만 하며 살아가는 것일까? 왜 그것들을 우리가 먼저 생각하고 발명하지 못하는 것일까?

미래를 살아갈 우리에게 가장 필요한 것은 바로 '문제를 찾아내는 능력'이라 생각한다.

지금까지 우리 사회는 1등을 뒤쫓아가는 방법으로 성장해 왔다. 선진국의 기술들을 모방하고, 쉬는 시간과 자는 시간을 줄여가며 피나는 노력을 해온 것이다. 그러나 우리는 어느덧 뒤쫓아갈 기업이 없어지고, 나만의 아이템으로 1위를 지켜야 하는 시대에 살고 있다.

각 기업은 새로움을 이야기하며 기술을 개발하고 있지만, 1등만을 바라보고 달려왔기 때문에 방향을 잃어버린 듯하다.

기업이 원하는 인재를 양성해야 하는 대학들은 기술을 주입식으로 가르치고 있고, 학생들은 전공 과목 책 외에는 읽을 수 없는 상태에 이르러 있다. 갑자기 인문학 열풍이 불자, 인문학이 취업에 도움이 안 된다는 어이없는 말들을 하며, 다시 영어책을 붙잡고 있다.

우리에게는 1등 이상을 목표로 하여 스스로 문제를 인식하고 문제를 해결해 나가는 능력이 필요하다.

미래학자 앨빈 토플러는 "한국 학생은 미래에 필요하지 않은 지식과 존재하지도 않을 직업을 위해 시간을 낭비하고 있다."라고 말했다. 또한 그는 "21세기 문맹자는 글을 읽을 줄 모르는 사람이 아니라 학습하고 교정하고 재학습하는 능력이 없는 사람"이라고 말하기도 했다.

누군가 바꿔 놓은 세상에서 감탄만 하며 살아가는 것이 아니라 내가 바꾸어 나가는 세상을 만들어야 한다. 이를 위해서는 바꾼 것이 무엇인지 알아야 하고, 문제를 찾아내는 능력을 길러야 한다고 생각한다.

막연히 '문제를 찾아내는 능력'이라는 말을 들으면 문제를 왜 찾아내야 하는지, 도대체 무슨 말인지 이해가 되지 않을 것이다. 그렇다면 예를 들어 이야기해 보자.

 눈이 오는 날은 왜 골프를 치지 못할까?

만약 여러분들이 골프를 치기 위해 골프장을 예약했다고 가정해보자. 그런데 예약 당일 아침에 눈을 떠보니 눈이 내려 온 세상이 하얗고, 눈이 발목 높이까지 쌓였다. 이미 골프 때문에 다른 약속들을 취소한 상태이고, 오늘이 안 되면 다른 날에 다시 골프장 예약을 해야 한다. 이러한 상황이라면 여러분들은 어떻게 할 것인가?

이 글을 읽으면서 아마도 많은 생각을 할 것이다. '어떻게 하지?' 혹은 '뭘 어떻게 해. 당연히 골프장에서도 예약을 취소해줄 텐데 그냥 취소하면 되지.' 등과 같은 생각을 할 것이다. 옳은 생각이다. 어쩌면 이것이 당연할 수 있다. 하지만 혹시 '왜 눈이 오는 날 골프를 치지 못할까?' 하는 의문을 가져본 적이 있는가? 나는 이 책을 준비하면서 여러 가지 의문을 가지게 되었다. '왜 골프를 치지 못하는 것일까?' 지금쯤 이 책을 보는 독자들은 두 가지 부류로 나뉘어 생각을 하고 있을 것이다. 한 부류는 '그러네, 왜 골프를 치지 못하지?'라고 생각하고, 다른 부류는 '당연히 눈이 오니까 못 치는 거지!'라고 생각할 것이다. 내가 원하는 것은 전자가 가지는 의문이다.

우리의 일상생활 속에는 당연하게 받아들이고, 순응하는 것들이 존재한다. 마치 그것은 원래 안 되는 것, 어쩔 수 없는 것, 나의 영역이 아닌 신의 영역이라 생각한다. 하지만 정말 간단하게 "왜?"라고 하며 가지는 의문이 바로 '문제를 발견하는 능력'이다. 불편하고 어려운 것을 마치 당연히 불편하고 어려운 것으로 인식하고 넘어간다면 그것을 개선하거나 발전시킬 수 없다.

눈이 오는 날 골프를 치지 못하는 것을 당연한 것이 아니라고 생각한다면 무엇 때문에 골프를 칠 수 없는지 생각해보자.

고 정주영 회장이 롯데그룹 신격호 회장과 골프 약속을 했다.

하지만 공교롭게도 골프 약속을 한 날, 눈이 내렸다. 눈으로 뒤덮인 골프장은 한폭의 동양화와 같았다.

신 회장은 당연히 골프 약속은 취소되겠거니 하며 비서를 통해 정 회장에게 연락을 했다. 하지만 정 회장은 벌써 골프장에 도착했다는 답변을 들었다. 그래서 신 회장은 골프를 치지는 못해도 골프장에서 정 회장과 오랜만에 차를 마시며 이야기라도 나누어야겠다고 생각하고 골프장으로 향했다.

골프장에 도착한 신 회장은 정 회장의 모습을 보고 깜짝 놀랐다. 먼저 도착해 있던 정 회장은 필드에 나갈 채비를 하고 있었기 때문이다. 이를 본 신 회장이 정 회장에게 물었다.

신 회장　"회장님, 눈이 이렇게 내렸는데 어떻게 필드에 나가려 하십니까?"

정 회장　"걱정 마시고 준비하고 나오세요. 제게 다 방법이 있습니다."

신 회장　"무슨 방법으로 이렇게 눈이 쌓여 있는 필드에서 공을 친다는 말씀이십니까?"

이 말을 들은 정 회장은 신 회장에게 무언가를 꺼내 보여주었다. 당시 신 회장은 40년이 넘도록 골프를 쳤지만, 그날 정 회장이 보여준 것은 처음 보는 것이었다. 과연 정 회장은 신 회장에게 무엇을 보여주었을까?

당시에는 처음 보는 것일 수 있지만, 지금은 흔히 볼 수 있다. 그리고 많은 골프인들이 이것을 수시로 사용하고 있다. 몇몇 독자들은 이것이 무엇인지 알아차렸을 수도 있다. 혹은 이미 이 이야기를 알고 있는 독자도 있을 것이다.

중요한 것은 많은 사람들이 불가능하다고 생각하고, 그것이 당연한 것이라 생각하지만 정 회장은 달랐다. 이것이 바로 문제를 찾아내는 능력이라고 할 수 있다. 정 회장은 찾아낸 문제를 매우 창의적으로 해결했다.

정 회장이 신 회장에게 보여준 것은 바로 '빨간색 골프공'이었다. 현재는 다양한 색의 골프공이 존재하지만 당시에는 흰색 골프공 외에는 없었다.

▲ 빨간색 골프공

그렇다면 지금부터 어떻게? 왜? 빨간색 골프공을 준비했는지 생각해보자. 골프는 플레이어가 잔디 위의 공을 정해진 지점까지 클럽을 이용하여 이동시키는 게임이다.

▲ 눈이 내린 것이 골프를 치는 것과 어떤 관계가 있을까?

왼쪽 페이지의 그림처럼 눈이 내린 것이 골프를 치는 것과 어떤 관계가 있을까?

첫째, 플레이어가 내리는 눈을 맞게 된다.

둘째, 플레이어가 이동하기 위해 타는 카트를 운행하기 어렵다.

셋째, 골프공과 눈이 같은 흰색이라 공을 찾기 어렵다.

넷째, 눈으로 인해 골프공이 잘 구르지 않는다.

등의 많은 이유들이 발생한다. 그렇다면 이 중에서 플레이를 못하게 되는 가장 큰 이유가 무엇일까? 정주영 회장이 빨간색 골프공을 준비한 것을 생각해보면 위의 여러 가지 문제들 중에서 세 번째를 가장 큰 문제로 인식했던 것으로 보인다.

다시 위의 문제들을 살펴보자. 첫 번째, 두 번째, 네 번째의 문제들은 골프를 치려는 사람의 의지가 강하다면 어떻게든 극복할 수 있는 것들이다. 그런데 공의 색과 눈의 색이 같아서 내가 친 공을 찾을 수 없는 것은 플레이어의 의지와는 상관 없어 보인다. 아무리 의지가 강하다고 하더라도 눈 속에서 공을 찾는다는 것은 거의 불가능하기 때문이다.

남들과 생각이 다르다는 이유만으로 왕따를 당하고, 틀을 벗어나면 이상한 취급을 하는 문화 속에서 정 회장과 같이 모든 사람들이 당연히 여기는 문제들을 당연하게 생각하지 않고, 문제가 왜 발생하는지? 무엇이 그 문제를 일으키는지?에 대한 의문을 가지는 것이 세상을 앞서 나가기 위한 방법이라고 생각한다.

　이처럼 문제를 찾아내고 그 동안 문제로 인식되지 못했던 것을 문제라고 인식했다면 지금부터는 문제를 해결하기 위한 능력을 갖추어야 한다. 창의적으로 문제를 해결하는 것은 특별한 능력을 가진 사람들만이 할 수 있는 것이 아니다. 단지 지금 당장 내가 그것을 생각하지 못할 뿐, 우리가 알고 있는 지식과 상식으로도 얼마든지 가능하다. 이를 증명할 수 있는 재미있는 문제를 풀어보자.

CASE 2　컵의 반을 정확하게 물로 채우려면?

왼쪽과 같은 컵이 있다.

이 컵에 정확히 절반의 물을 담아야 한다.

하지만 사용할 수 있는 도구가 없다. 오로지 컵과 물뿐이다. 단, 물은 무한정 사용할 수 있다.

과연 어떤 방법으로 아무런 도구도 없이 컵에 절반의 물을 담을 수 있을까? 조금 시간을 들여 생각해보자.

　벌써 이 문제를 해결한 독자도 있을 것이다. 이 문제는 초등학생 정도의 나이라면 누구나 풀 수 있다.

　어떤 사람들은 이런 문제를 접하면 막막하다고 말한다. 하지만 이 문제는 정말 간단하다. 지금부터 문제를 해결해보자.

문제 해결의 힌트는 다음과 같다.

왼쪽 그림의 사각형은 처음 제시했던 컵 그림과 같은 크기의 사각형이다.

이 사각형을 종이라고 생각해보자.

사각형의 종이를 아무런 도구 없이 절반으로 접을 수 있는 방법은 없을까?

왼쪽 그림처럼 다양한 방법이 있다. 그 중에서 빨간색 선을 머릿속에 그려보자. 그런 다음, 다시 처음으로 되돌아가보자.

처음에 이야기했던 컵에 아무런 도구가 없이 어떻게 절반의 물을 담을 수 있을까?

그렇다. 컵에 물을 가득 채운 후 컵을 기울여 왼쪽 그림의 파란색 사선처럼 물을 따르면 된다.

이와 같은 문제는 매우 쉽게 풀 수 있고, 누구나 생각해낼 수 있다.

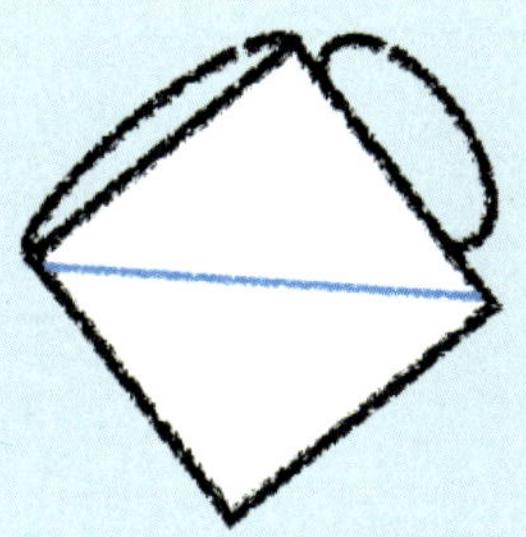

유치원생 정도의 나이만 되도 종이를 절반으로 접는 방법은 알고 있다.

단지, 우리는 우리가 알고 있는 지식을 지혜로 만드는 힘이 부족할 뿐이다. 또한 성장하면서 본인도 모르는 사이에 머릿속에 자리 잡은 본인만의 고정관념, 편견들로 인해 생각을 하지 못할 뿐이다.

CASE 3 영하 40도에 건물을 지을 수 있을까?

1999년 2월 28일, 남북분단 이후 민간 차원에서 남북한이 함께 지은 첫 건축물인 금강산 온정리 공연장과 휴게소의 준공식이 있었다.

정주영 회장이 추진했던 대북 사업이 한창 잘 진행되고 있을 때의 일이다.

김정일 위원장이 정 회장에게 "금강산 앞에 호텔을 짓는 김에 서커스장도 만듭시다."라는 제안을 한다.

건물을 짓는 것은 문제가 아닌데, 북한의 한겨울은 영하 40도 이하로 내려간다. 더욱이 금강산이 있는 지역은 더욱 기온이 내려간다. 이렇게 낮은 기온에서는 물이 섞인 콘크리트가 양생되기 전에 물이 얼어버리기 때문에 건물을 지을 수 없다. 그러나 최고 권력자와의 약속이고, 남북한의 화해 무드를 조성하기 위해서는 약속한 공사 기간 내에 건물을 완공해야만 했다. 하지만 공사 관계자들이 우리나라는 물론 전 세계의 건축 전문가들에게 맹추위 속에서 건물을 짓는 방법을 물어보았지만 "방법이 없다."는 대답만 돌아왔다. 가장 춥다는 러시아조차 "한겨울에는 공사를 할 수 없다."라고 했다.

대부분의 사람들은 공사가 불가능하다고 여길 것이다. 하지만 정 회장의 생각은 달랐다.

이 책을 읽고 있는 분들은 이 문제를 어떻게 해결하겠는가?

지금부터 위의 사례를 잠시 잊고 또 다른 문제 하나를 풀어보자.

현재 우리나라에서는 사계절 모두 신선한 채소와 과일을 먹을 수 있다. 여러 나라에서 수입을 하기도 하지만, 이것이 가능하게 된 것은 복잡한 도심을 조금만 벗어나면 쉽게 볼 수 있는 '이것' 덕분이다. 기온이 떨어지는 겨울철에도 '이것' 안의 온도는 여름철을 방불케 한다. '이것'은 무엇일까?

그렇다. 바로 '비닐하우스'다.

우리가 쉽게 생각할 수 있고, 흔히 볼 수 있는 비닐하우스다.

정 회장은 이 문제를 접하고 바로 '일정한 온도'라는 답을 얻었던 것이다. 그리고 이렇게 말했다. "큰 비닐하우스를 만들고 작업하면 되잖아? 문제 있어?" 이렇게 하여 영하의 기온 속에서 콘크리트 타설 공사를 진행할 수 있었다. 물론 그 덕분에 북한과의 약속도 지킬 수 있었고, 전 세계 사람들이 모두 안 된다고만 하던 일을 해결하는 멋진 사례도 남겼다.

▲ 비닐하우스

▲ 한 층씩 비닐하우스 올리기

　물론 위의 이미지처럼 비닐하우스를 쌓았다고는 볼 수 없다. 여러 가지 사항을 고려할 때 한 층씩 비닐하우스를 올렸을 수도 있다. 사진을 구하기 위해 많은 노력을 했지만 결국 찾을 수 없어 간단하게 그려봤다.

　위의 두 사례를 통해 현재 우리에게 가장 중요하고, 가장 필요한 문제를 찾아내는 능력과 그렇게 찾아낸 문제를 창의적으로 해결하는 '창의적 문제 해결 능력'에 대한 이야기를 나누었다.

　이 책은 위의 사례들과 같이 정 회장의 생각 알고리즘을 따라해 보면서 문제를 찾아내고, 그 문제를 창의적으로 해결할 수 있는 힘을 키울 수 있도록 구성되어 있다.

이 책을 쓰게 된 이유

시작은 왜? Why?

나는 현재 새로운 사업을 진행하기 위해 제주도에 내려와 있다.

아마도 이 책이 나올 때쯤이면 사업의 성패가 결정되어 있을 것이라 생각한다.

지금도 내 컴퓨터에는 수많은 사업 아이디어들이 들어 있다. 사업 아이디어 내는 것이 그리 어렵지 않다고 생각하고, 사업을 진행해 왔다. 물론, 망한 사업도 있고, 재미가 없어 접은 사업도 있고, 잘된 사업도 있다. 그러나 사업 아이템 때문에 고민한 적은 없다.

왜? 사업 아이디어를 내는 것이 어렵다고 생각해본 적이 없기 때문이다.

내가 특별히 머리가 좋아서? 천만의 말씀이다. 난 고등학교 1학년 때 가출해서 야간학교를 졸업하고, 대학은 전문대 보석가공과를 나왔다. 공부는 거의 해본 적이 없다. 나이가 30대 중반에 이르렀을 때 마인드맵과 트리즈를 접하고 새로운 세상에 눈을 뜨게 되었다.

요즘 나는 이상한(?) 삶을 살고 있다. 책을 쓰고, 강의를 하고, 창업에 대한 평가를 하고, 사업을 하는 친구들의 매니저 역할을 하기도 한다. 그런데 창업 심사를 하러 가면 답답한 마음이 든다. 대부분의 아이템들이 자신들이 원하는 것이 무엇인지 알지 못하기 때문이다. 사업을 하기 위해서는 사업 아이템, 사업 계획서, 그에 따른 비전, 목표, 자본, 마케팅 방법 등 실로 많은 것들이 필요하다. 내 주위에는 대학에서 4년제 교육을 받고 대학원까지 나온 친구들이 많다. 심지어는 연구원까지 지낸 친구도 있다. 하지만 이들이 내는 아이템치곤 좀 답답한 부분이 많다. 특히 창업 심사를 가면 80% 정도는 현재 나와 있거나 보편화되어 있는 사업을 약간 변형하여 진행하는 친구들이 많다.

내가 이 책을 쓰게 된 이유는 바로 이 때문이다. 나는 사람들이 사업 아이디어를 발상하는 일을 어렵게 생각하는 이유가 책 때문이라 생각한다. 많은 지식을 가지고 있는 대학교수나 연구원들의 자료를 좋다, 나쁘다 평가하는 것이 아니라 단지 조금 다르게 쓰고 싶었다.

너무나 뻔하게 그냥 따라 하면 할 수 있게, 그리고 그것이 쉽다고 생각하도록 하고 싶다. 창업을 권하고 싶지는 않다. 우리나라에서 창업은 자칫하면 집안이 망하는 일이라고 생각한다. 하지만 시대가 바뀌었고, 취업으로만 살아갈 수 있는 세상도 아니라고 생각한다. 그렇다면 조금 더 나은 아이템으로 승부를 걸어야 하지 않을까?

또 한 가지 이유는 창의적인 사업 아이디어 발상에 대한 의뢰가 많아졌다는 것이다. 별도로 교안을 만들어 강의를 하다 보니 만나는 사람들의 대부분이 이 부분에 관심이 많다는 것을 알게 됐다. 그리고 굉장히 어렵게 생각한다는 사실도 알게 됐다.

그래서 난 누구나 쉽게 접할 수 있는 사업 아이디어 발상에 대한 내용을 편안하게 쓸 생각이다.

무엇? What?

이 책은 무엇을 가르치려고 하기보다는 스스로 알아가기를 바라는 마음으로 썼다.

비록 아이디어 발상법과 트리즈^{TRIZ: Teoriya Reshniya lzobretaltalskikh Zadatch−창의적 문제 해결 이론}를 바탕으로 하고 있지만, 이에 대한 내용은 많지 않다. 한마디로 **불친절한 책**이다.

이에는 나름대로의 이유가 있다.

내가 처음 아이디어 발상법과 트리즈를 배웠을 때는 이것을 배우면 내 생활의 모든 문제를 해결할 수 있을 것이라는 기대감에 부풀어 있었다. 그런데 공부를 할수록 점점 어려워지고, 깊이 들어갈수록 이해하기 힘든 내용들이 많았다. 어느 순간 '내가 뭐하는 짓이지?' 하는 생각이 들었다. 그래서 난 내가 쓰고 싶은 수준으로 쓰려고 한다.

건방진 책이다.

이 책은 트리즈적인 사고를 기반으로 하고 있지만, 현재 기업의 연구원이나 대학원의 박사 과정을 밟고 있는 사람들이 공학적으로 접하는 트리즈 책으로 생각하지 않기를 바란다.

난 누구나 접할 수 있는 가벼운 책이 좋다.

주부라면 집에서 간단하게 발명을 해서 특허를 낼 수 있고, 학생이라면 아이디어 경진대회에 참가할 아이디어를 더욱 구체화시킬 수 있는 정도로 책을 가볍게 써 나갈 생각이다.

첫 책인 『생각이 열리는 나무 트리즈 마인드맵』을 읽은 어떤 독자 분이 그림은 예쁘고 재미있는데, 무게감이 없고 가볍다는 의견을 주었다. 하지만 나는 그것을 목적으로 썼기 때문에 후회는 하지 않는다.

사람들은 각자 추구하는 바가 다르다.

서로가 다름을 인정하고 그것에 대해 서로 이야기할 수 있어야 창의적인 아이디어가 떠오르는 것이라 생각한다. 아무튼 이 책은 내가 존경하는 정주영 회장의 이야기를 중심으로 내가 사업을 하면서 진행했던 아이디어들을 어떤 생각 도구로 활용했는지에 대해 다룰 것이다.

단, 조금 재미있게 쓰기 위해 전체를 사실에 입각하여 쓰지는 못했다. 따라서 "이것이 진실이다", "아니다" 하는 이야기는 접어두기 바란다. 문제를 보고 그 문제를 바라보는 방식에 초점을 맞춰 글을 써 나갈 생각이다.

사업 아이디어를 찾아가는 방식은 곧 문제를 해결하는 방식이라고 생각한다.

간단하게 짬뽕과 짜장면을 함께 먹고 싶은데. 어떻게 하지?

대부분의 사람들은 '어쩔 수 없잖아. 그냥 하나만 선택해.'라고 생각한다.

그런데 우리는 그렇게 생각하지 말자.

그럼 일단 섞자. 그리고 분리하자. 그것이 위아래로 분리될지, 좌우로 분리될지는 나중의 일이다. 내가 원하는 것은 짬뽕과 짜장면을 한꺼번에 먹는 것이다.

많은 사람들은 많은 변수들을 생각하고 조정하며 해답을 알아간다.

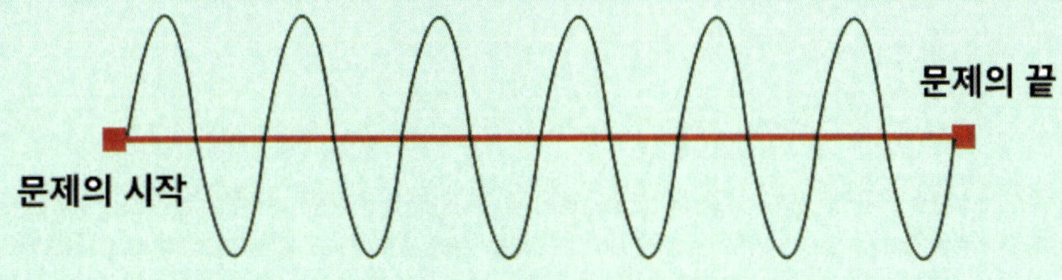

▲ 일반인들이 문제를 해결하는 방식

그러나 천재들은 어떨까?

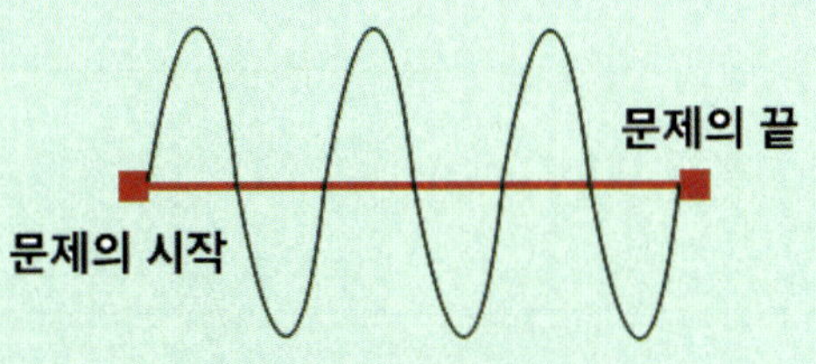

▲ 천재들이 문제를 해결하는 방식

천재들은 자신의 머리에서 문제에 대한 알고리즘 자체를 극단적으로 줄이기 위해 노력한다. 그래서 일반적인 사람들은 그들의 사고를 이해하지 못하고 태어날 때부터 천재로 태어나서 좋겠다는 생각만 한다.

아인슈타인의 경우, "창의적이라는 것은 문제를 다르게 이해하는 것"이라고 말했다.

문제를 다르게 이해한다는 것은 뭘까?

나도 다르게 이해하고 싶은데, 어떤 방법이 있지?

이에 대한 답은 해주지 않는다.

아인슈타인은 누가 보더라도 천재다.

그러나 아인슈타인의 천재성을 물려받은 제자가 있을까?

안타깝게도 그렇지 못하다.

내가 창의성을 공부한 것은 '나 같이 전문가도 아니고, 전공 지식이 없는 사람도 지금까지 발명 특허를 낸 무수히 많은 사람들의 데이터를 바탕으로 반복하다 보면 천재들이 생각하는 방식으로 생각할 수 있다.'라는 생각에서 비롯되었다.

난 지금도 마인드맵이나 트리즈를 만난 것을 세상에 태어나서 가장 큰 축복이라고 생각한다. 사물을 다르게 보는 눈을 가지게 됨으로써 세상이 어떻게 바뀌게 될지 알게 되고, 그 변화의 길에 들어설 수 있다고 믿게 되었기 때문이다.

어렵지 않다. 누구나 할 수 있다.

장담할 수 있느냐고? 적어도 난 그렇게 생각한다.

어떻게? How?

나는 사업에 관련된 대부분의 책이 공학 전문서처럼 쓰여진다는 사실에 불편함을 느낀다.

정말 "어떻게"라는 부분에서 내가 가장 중요하게 느꼈던 부분을 이야기하고 싶다.

맨 처음 '트리즈 40가지 발명 원리'를 설명하기 위해 강의를 나갔다. 강의 평가도 좋았고, 한 번 갔던 곳은 다시 불러주었다. 2년이 지났을 무렵, 트리즈를 몇 년 하다 보니 내가 강의할 때 쓰는 발명 원리의 이야기들이 너무 수준이 낮아 보이기 시작했다. 아, 내가 겨우 이 정도 강의안으로 사람들에게 강의를 했구나….

그래서 두 달 정도의 시간을 투자하여 강의안을 수정하고, 공학적 사례를 바탕으로 그 예들을 수정했다.

삼성, LG, 포스코, SK하이닉스에서 나름대로 만들어 사용하고 있는 발명 원리들을 적용하여 별도로 만들었다. 그런데 이상한 현상이 발생했다.

사람들이 이해도가 떨어지고, 학생들은 어려워하고, 강의 시간에 딴짓을 하는 사람들이 많아졌다. 물론, 강의를 24시간 정도 풀타임으로 하다 보면 많은 친구들이 따라오지 못하지만, 과거에는 없었던 일들이 자꾸 일어났던 것이다.

'문제가 도대체 뭐지? 내가 하는 일이 문제를 해결하는 것인데, 이것의 원인도 못 찾으면 어떻게 하나?'라는 질문과 함께 여러 날을 고민했다.

한참이 지난 후에 나도 어려운 용어로 사람들에게 이야기하고 있었다는 사실을 깨달았다. 많이 배운 분들의 강의가 어렵게 느껴지거나 지루하게 느껴지는 것은 내가 그만큼 모르기 때문이었다는 것을 그때 알게 되었다. '그렇다면 지금 텔레비전이나 테드^TED에 나오는 분들 중에 정말 쉽게, 재미있게 이야기하는 분들은 저렇게 하기 위해 얼마나 많은 시행착오를 경험했을까?'라는 생각이 들기 시작했다.

'내가 아는 것을 사람들이 알기를 바라지 말자. 내가 처음에 접할 때의 수준으로, 그리고 결코 어렵지 않다는 것을 알려주기만 하자.'

그리고 다시 과거의 강의안으로 바꾸었다.

'내가 직접 경험하거나 만들어 본 사례들을 예로 들자. 남의 이야기가 아닌, 대기업의 이야기나 성공한 사람들의 이야기가 아닌, 내 이야기를 넣자.

그것이 성공했든, 성공하지 못했든 그것은 상관없다.

단, 창의적으로 다른 시각으로 생각했다는 것을 보여주고, 그것이 쉽다는 것을 보여주자.'

지금도 난 아이디어 발상은 처음 강의를 했을 때와 비슷하게 하려고 노력한다.

가끔 이상한 말이 나오기도 하지만, 내가 처음 접했을 때의 그 느낌을 사람들이 느끼기 바란다. 그래서 난 이미지와 이야기를 바탕으로 만들어 가려 한다. 또는 혼자만의 생각을 내 안의 나와 대화하는 형식으로 써내려 가려고 한다.

글은 조금 편하게 쓰려 한다.

기본적으로 난 누가 나에게 존대를 하는 게 싫다. 그것이 사고가 갇히는 원인이 된다고 생각하기에 그냥 편안한 사이가 좋다. 물론 욕은 하면 안 되지만, 그것 말고는 괜찮다.

대학이나 기업에서 강의를 진행할 때 주머니에 자주 손이 들어간다. 이상하게 주머니에 손이 들어가야 말도 잘 나오고 강의하기가 편해지기 때문이다. 그래서 강의 전에 대학생들에게 꼭 이야기를 한다.

"난 주머니에 손을 찔러 넣어야 입이 열리는 타입이니까 학생들도 주머니에 손을 넣고 들어도 좋다. 그리고 난 존댓말을 쓰면 이상하게 말이 헛나온다. 그래서 편안하게 말할 테니까. 학생들도 편안하게 말을 해도 좋다."라고 아예 말을 하고 시작한다.

글 쓰는 것도 마찬가지인 것이 이 책을 진행하기에 앞서 많은 분들이 "책이 논리적이지 못하다. 너무 가볍지 않느냐."라는 지적을 해주셔서 나름대로 고치려고 노력해서 쓰려고 하다 보니 어느덧 1년이 넘는 시간이 흘러가 버렸다. 이러다간 책이 안 나올지도 모른다는 생각이 들어 내 멋대로 쓰기로 결정하고, 다시 글을 써 내려간다.

항상 새로운 사업을 준비하는
트리즈맨 **오경철**

Contents 목차

MOVE

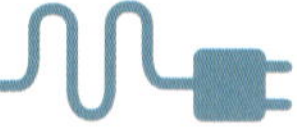

MOVE 01 왜 정주영인가?

여러분에게 어떤 사람이 찾아왔다고 가정해보자.

이 사람의 말을 듣고 과연 얼마만큼 신뢰할 수 있는지 판단해보라.

어느 날 당신에게 1억 원의 돈을 빌린 사람이 당신을 찾아왔다.

▲ 부자인 당신은 또다시 채무자에게 1억 원을 빌려주겠는가?

물론, 당신은 충분한 돈을 가지고 있어서, 항상 새로운 투자처를 탐색하는 부자의 입장이다.

다음의 대화를 읽고 당신이라면 어떠한 선택을 할 것인지 판단해보라.

채무자　"죄송합니다. 한 가지 부탁드리고 싶은 말이 있습니다."

채권자　"이미 갚아야 할 날짜는 지났는데, 빈손으로 와 놓고 부탁이

　　　　있다고? 참으로 맹랑한 말이 아닐 수 없구먼! 일단 부탁이

뭔지나 들어보세."

채무자   "1억 원만 더 빌려주십시오."

채권자   "돈을 갚을 생각은 하지 않고, 1억 원을 더 빌려달라? 이런 황당할 때가 또 있는가? 너무도 염치없는 말을 하고 있다는 것을 알고 있는가?"

채무자   "제때 돈을 갚지 못한 것은 정말 죄송합니다. 사실은 빌려주신 돈으로 사업을 시작했는데, 며칠 전 화재가 나서 모든 것이 잿더미로 변해 버렸습니다. 돈을 갚고 싶어도 갚을 수가 없습니다."

채권자   "내가 백번 양보해서 돈을 빌려준다고 하세. 그런데 대체 내가 자네 말을 어떻게 믿을 수 있단 말인가?"

채무자   "불이 나고 이미 저는 빈털터리가 되었습니다. 무조건 갚으라시면, 제 목숨을 내놓는 수밖에는 없습니다. 제가 돈을 떼먹을 생각이었으면, 이미 야밤을 틈타 도망갔을 것입니다. 빈털터리인 채 사장님을 찾아와 돈을 빌리고 있는 제 자신이 곧 담보라고 생각해주십시오. 제게 돈을 빌려주시는 것만이 사장님의 돈도 갚고, 저도 살아남을 수 있는 유일한 방법이라 생각합니다."

당신은 채권자의 입장이다. 수익성을 보고 판단한다면 그리 쉬운 결정은 아닐 것이다.

과연 당신은 채무자에게 다시 1억 원을 빌려주겠는가? 아니면, 절대로 빌려주지 않고 그 사람을 머슴으로 부려 조금이라도 손해를 줄이려 하겠는가?

후자를 선택한다면, 당신은 정주영과 같은 위대한 기업가를 시궁창에 내동댕이치는 결정을 한 것이다.

이번에는 입장을 바꿔보자.

당신이 채무자의 입장이라면 어떻겠는가? 주변 사람에게 1억 원이라는 돈을 빌려 사업을 시작했는데, 며칠 전 불이 나서 모든 것이 잿더미가 되었다. 남은 것은 빚 1억밖에 없다. 이제는 갚을 여력조차 없다. 당신이라면 어떻게 하겠는가?

❶ 이제 더 이상 남은 희망은 없다. 조용히 신변을 정리하고 세상을 하직한다.
❷ 지금 당장 할 수 있는 일은 없으니, 일단 도망간 뒤 후일을 기약한다.
❸ 사람이 죽으란 법이야 있겠는가? 조금씩 빚을 갚으며 살아간다.
❹ 내가 성공해야 빚도 갚을 수 있고, 나도 살아남을 수 있다. 다시 돈을 빌리러 간다.

❹번을 선택하도록 하는 것이 나의 의도임을 눈치챘을 것이다. 물론 실제로 이런 일이 닥쳤을 때, 나 역시 ❹번을 선택할 만한 배짱이 있는지는 잘 모르겠다. ❷번의 내용은 어쩌면 가장 현실적인 대안이 될 수도 있다. 하지만 중요한 것은 ❹번의 자세가 가장 창의적인 해결책이라 생각한다.

배짱 좋게 사업을 다시 시작하려 하는 자세가 왜 창의적 해결책과 연결되는 것일까? 지금 이 문제가 어떻게 창의력과 연결될 수 있는가? 자, 그럼 위의 사례를 바탕으로 연결해보자.

창의력의 시작은 문제를 인식하는 것이다. 그리고 문제는 미래에 대한 목표가 세워져야 비로소 정확하게 인식된다. 문제라는 것을 한마디로 정의해보자! 문제란 "해결해야 할 어려운 상황"이라고 정의할 수 있다.

해결하고자 하는 의지가 존재할 때 비로소 문제로 정의된다. 해결할 의지가 없다면 그것은 그저 어려운 상황일 뿐, 문제는 아니다.

그럼, 위의 내용을 다시 한 번 살펴보자.

❶번은 어려운 상황만 인식되었을 뿐, 해결하고자 하는 의지는 전무하다. 그렇기 때문에 ❶번은 문제조차 인식하지 않은 단계가 된다.

❷번은 문제를 인식한 단계에 진입했다. 그러나 해결을 하기 위한 방법을 연구한 것이 아니라 그저 회피해 버린 결과다. 해결책이라고 하기에는 부족한 점이 많다.

❸번은 문제도 인식하였고, 해결하고자 하는 의지도 있다. 그리고 나름대로 해결책을 제시하고 있다. 그러나 이 해결책은 우리가 알고 있는 범위의 윤리적 관념이나 경험적으로 체득한 지식에 의해 도출된 것에 불과하다.

반면 ❹번은 문제 인식과 해결하고자 하는 의지가 동시에 충족되는 경우다. 이 점에서 볼 때 ❸번과 동일하다고 할 수 있다. 그러나 제시된 해결책은 기존의 통념이나 경험적 지식을 벗어난 결과물이다. 그렇기 때문에 ❹번의 해결책은 창의적 생각에 의한 결과물이라 할 수 있다.

위에서 언급한 이야기는 정주영 회장이 1937년 자동차 정비소 인수를 위해 당시 삼창정미소 사장 오윤근 씨와 나누었던 실제 대화다.

불행한 현실 상황을 창의적 대안을 갖고 큰소리 칠 수 있었던 정주영 회장도 대단하지만, 그러한 정주영 회장의 제안을 수용한 오윤근 씨 역시 범상치 않은 사람임을 알 수 있다.

맨주먹으로 현대그룹이라는 신화를 일궈낸 정주영 회장은 만화책에서나 나올 법한 숱한 이야기들을 남겼고, 많은 사람들이 현대그룹의 에피소드를 발굴하며 정주영 회장의 비범함에 감탄을 한다. 하지만 감탄으로 끝나 버린다. 사람들은 정주영 회장이 정말 대단한 사람이라고 생각하고 닮고 싶어 하지만, 정작 어떻게 그렇게 생각할 수 있는지에 대해서는 의문을 품고 있다. 그 이유는 정주영 회장의 생각 체계를 이해하지 못하기 때문이다.

자, 그럼 우리 정주영 회장의 생각 체계를 이해하려는 노력을 해보는 것은 어떨까?

정주영을 넘어선 빈대

"이런, 빈대만도 못한 놈 같으니라고!"

정 회장이 부하직원을 야단칠 때 자주 쓰던 말이라고 한다. 개도 있고, 쥐도 있고, 닭도 있는데, 왜 하필이면 빈대만도 못한 놈이라고 했을까? 이 말은 정주영 회장이 빈대에게 완패 당한 경험에서 나온 자조적 일갈이 었다고 생각한다.

열여덟의 나이에 정주영 회장은 네 번째 가출을 하게 된다. 친구 오인보 와 함께 고향을 떠나 도착한 곳은 인천 부둣가. 이곳에서 소년 정주영은 무엇이든 닥치는 대로 일하기 시작한다. 아는 사람 한 명 없는 낯선 타향 에서 끼니를 굶지 않기 위해서는 이른 새벽부터 늦은 저녁까지 뼈가 부서 져라 일을 하는 수밖에 없었다. 하루 종일 이어지는 막노동이 끝나고 나면 노동자 합숙소에서 바닥에 눕기 무섭게 잠이 들었다.

피곤이 극에 달해 잠에 빠져 들었지만, 극성스런 빈대의 공격에는 당해낼 재간이 없었다. 밤만 되면, 빈대들은 떼로 덤벼들어 손가락 하나 움질일 수 없을 만큼 피곤에 지친 노동자들의 피를 빨아대기 시작했다.

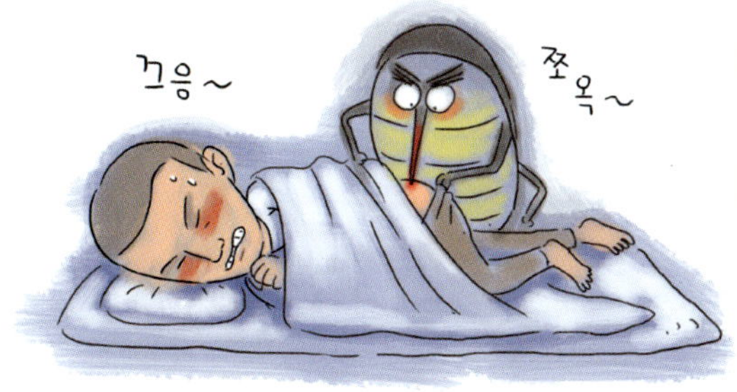

▲ 노동자 합숙소의 빈대들에 시달리는 소년 정주영

우리 속담에 "빈대 잡으려다 초가삼간 다 태운다"라는 말이 있다. 얼마나 견디기 힘들면 빈대를 잡기 위해 집까지도 태운다고 하겠는가? 실제로 빈대에게 물리면 극심한 가려움증에 시달리게 된다. 그 가려움증은 살을 도려내고 싶을 정도이고, 심한 경우에는 정신과 치료를 받아야 할 정도라고 한다. 해외여행 안내책자에는 빈대에게 물리면 빨리 병원에 가야 한다고 조언하고 있으며, 영문으로 빈대는 'Bed-Bug', 즉 '침대 벌레'라 불린다. 소년 정주영이 상대해야 할 빈대가 이런 극악무도한 놈이라는 것을 기억해두자.

일이 고되기로 유명한 부두 노동을 하고 와서, 악명 높은 빈대의 공격으로 잠을 설쳐야 하는 탓에 부두일은 더욱 힘들기만 했다. 하지만 함께 방을 쓰고 있던 다른 사람들은 이미 포기했는지 빈대가 있든 없든 밤새도록 뒤척이며 잠을 청할 뿐, 빈대를 잡을 생각도 빈대를 피할 생각도 하지 않았다. 빈대의 등쌀을 더 이상 견딜 수 없었던, 소년 정주영은 빈대를 피할 수 있는 방법이 없을까를 생각하기 시작했다.

빈대를 잡기 위해 불을 밝혀 잠자리 주변을 살펴보면 방구석으로 도망가는 빈대를 발견할 수 있었다. 방바닥에 기어 다니는 놈이니 잠을 잘 때 방바닥에서 좀 떨어질 수 있다면 빈대를 피할 수 있을 것이라 생각했다. 생각이 여기에 미치자, 정주영은 주변을 살펴보기 시작했다. 마침 테이블이 눈에 들어왔다. 테이블을 펼쳐놓고 그 위에 올라가 누웠다. 다행스럽게도 빈대를 피할 수 있었고, 며칠 동안은 편하게 잠을 잘 수 있었다.

하지만 며칠 지나지 않아 다시 빈대의 공격이 시작됐다. 어찌된 일인가 싶어 주변을 살펴보니 빈대가 상 위를 돌아다니는 것을 발견할 수 있었다. 빈대는 테이블 다리를 타고 기어 올라와 정주영을 물어뜯고 있었다. 참을 수 없어 빈대를 때려잡으며 화풀이를 했지만, 합숙소에 있는 빈대를 몽땅 때려잡을 수는 없는 일이었다.

‘빈대란 놈이 테이블 다리를 타고 올라오지 못하도록 하는 방법은 무엇일까?’ 정주영은 다시 고민에 빠져 들었다. 빈대가 올라온다고 해서 테이블 다리를 없애 버릴 수도 없는 노릇이었다. 한참을 생각해보니 방바닥을 기어 다니는 빈대란 놈이 물 위를 걸어 다닐 수는 없을 것이란 생각이 들기 시작했다. 정주영은 밖으로 뛰어나가 물을 담을 만한 것을 찾기 시작했다. 세숫대야가 눈에 들어왔다. 정주영은 세숫대야 네 개를 가져와 테이블 다리에 받쳐 놓고 그 안에 물을 부어 놓았다. 이건 정말 완벽하다.

정주영은 의기양양하게 테이블 위에 누워보았다. 그날 정주영은 빈대에게 물리지 않았다. 그리고 그 다음 날도, 그 다음 다음 날도 빈대는 정주영을 괴롭히지 못했다. 그렇게 며칠 동안 정주영은 한없이 달콤한 잠을 잘 수 있었다. 그러나 단잠도 오래가지는 못했다. 얼마 지나지 않아 또 다시 온몸이 가려워 잠을 설쳐야 했다. 테이블 위에는 이미 빈대들이 잔뜩 몰려와 있었다. 소년 정주영은 이해할 수가 없었다. 빈대들은 어디로 올라왔단 말인가?

테이블 다리 밑에 있는 세숫대야를 아무리 살펴봐도 빈대가 헤엄쳐 건너오는 모습은 찾아볼 수 없었다. 소년 정주영은 주변을 샅샅이 살펴보기 시작했다. “그래도 내가 사람인데 빈대란 놈이 어떻게 올라오는지는 알아내고야 말테다. 오늘은 반드시 빈대란 놈과 결판을 내고 말리라!” 소년 정주영은 이렇게 다짐했다.

그렇게 빈대를 잡으며 살펴보던 중 한쪽 벽면 위로 빈대들이 줄을 지어 천장으로 올라가는 것을 발견할 수 있었다. 처음에는 이놈들이 왜 벽면으로 올라가는지 이해할 수 없었다. 빈대들은 벽면을 타고 천장 위로 올라가 천장을 거꾸로 기어 어디론가 향해 가고 있었다. 정주영은 고개를 젖히고 빈대들의 움직임을 따라 갔다. 천장의 한 곳에서 빈대들의 움직임은 멈추었고, 정주영의 시선도 그곳에 머물렀다. 이윽고 빈대에 집착하며 분노의 시선으로 따라가던 눈동자는 동공이 점차 확대되더니 입에서는 저도 모르게 놀라움의 탄성이 뿜어져 나오고 있었다.

빈대는 천장의 어느 한 지점에서 전진하기를 멈추고는, 천장에서 아래로 뛰어내리는 것이었다. 그리고 그 빈대가 뛰어내린 자리는 정주영이 누워있던 그 테이블의 위치와 정확히 일치했다. 한낱 미물이라 업신여겼던 벌레들이 만물의 영장이라 불리는 인간에게 보기 좋게 한방 먹이는 순간이었다.

소년 정주영은 빈대의 집념에 할말을 잃고 말았다. 이놈의 지긋지긋하고 악랄한 빈대를 어떻게 소탕해야 하는지, 잠은 또 어떻게 자야 하는지 막막할 뿐이었다. 그러던 중 소년 정주영의 머릿속에는 불현듯 한 가지 생각이 떠올랐고, 이내 머릿속을 하얗게 비워내며 가슴 깊이 의지가 불타오르기 시작했다.

'한낱 미물에 불과한 빈대들도, 자신의 한계를 넘어서기 위해 저토록 노력을 하고 있지 않은가? 하물며 사람인 내가 저들보다 못한대서야 어찌 만물의 영장이라 할 수 있는가! 앞으로의 나의 인생에 어떠한 장애물이 닥쳐오더라도 절대로 포기하지 않고 끝없이 노력하여 한계를 뛰어넘으리라!'
정주영의 빈대 철학은 이렇게 시작되었다.
"이런 빈대만도 못한 놈 같으니라고!" 하던 정주영 회장의 호통을 떠올려보자.
우리는 과연 빈대보다 나은 모습으로 살아왔을까?

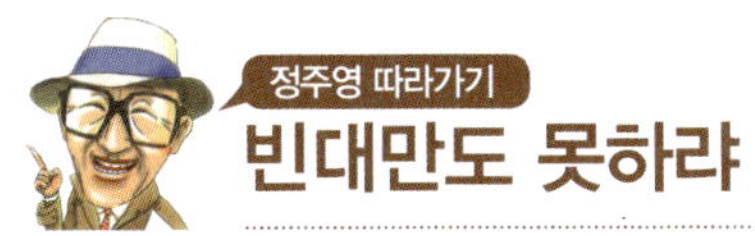

빈대만도 못하랴

자 그럼, 이제부터 정주영의 생각을 따라가보자.

일단, 정주영은 빈대에게 물리지 않기 위해 테이블 위에 올라갔다. 왜? 어떤 생각으로 올라갔을까?

이 상황에서 몇 가지 생각을 해볼 수 있다.

지금 너무 피곤한데, 남들처럼 빈대와 함께 자는 것이 너무 불편하다.

그럼, 내가 원하는 결과가 뭐지?

'빈대와 함께 합숙소에 있는 것이 싫다 → 빈대와 같은 공간에 있는 것이 싫다. → 빈대와 같은 바닥에 있는 것이 싫다. → 빈대와 같은 바닥에 접촉되어 있는 상태가 싫다.'

- 빈대와 같이 합숙소에 있는 것이 싫다.
- 빈대와 같은 공간에 있는 것이 싫다.
- 빈대와 같은 바닥에 있는 것이 싫다.
- 빈대와 같은 바닥에 접촉되어 있는 상태가 싫다.

'방'이라는 공간에서 빈대가 없는 공간을 찾아야 한다. 그리고 접촉하지 말아야 한다.

생각해보자. 빈대가 없는 공간은 어디인가? 흔히 방이라는 공간을 생각하면 방바닥만 쳐다보게 된다. 하지만 방에는 방바닥만 존재하는 것이 아니다. 벽도 있고, 천장도 있고, 방바닥과 천장 사이의 공간도 있다.

빈대는 방바닥에서는 존재하고 있지만, 방바닥과 천장 사이의 공간에는 존재하지 않는다. 이제 소년 정주영은 방바닥과 떨어져 공간 위에 머물 수 있는 방법을 찾으면 된다.

그래서 주변에 활용할 수 있는 것을 찾는다. 이것이 바로 '자원'이다. 트리즈에서는 '자원은 문제를 해결하는 데 활용할 수 있는 모든 것'이라고 정의하고 있다. 그것이 시간이 될 수도, 공간이 될 수도 있다. 하지만 소년 정주영은 주변에서 가장 쉽게 찾을 수 있는 것에 눈을 돌린 것이다. 그것이 테이블이었을 뿐이다.

이와 같이 자신이 원하는 결과^{Wanted Result}를 성취하기 위한 문제 해결 방법을 도식화하여 이해하기 쉽게 표현하였다. 이를 트리즈에서는 최소 시스템^{Minimum System}이라 하여 매우 많이 활용되고 있다.

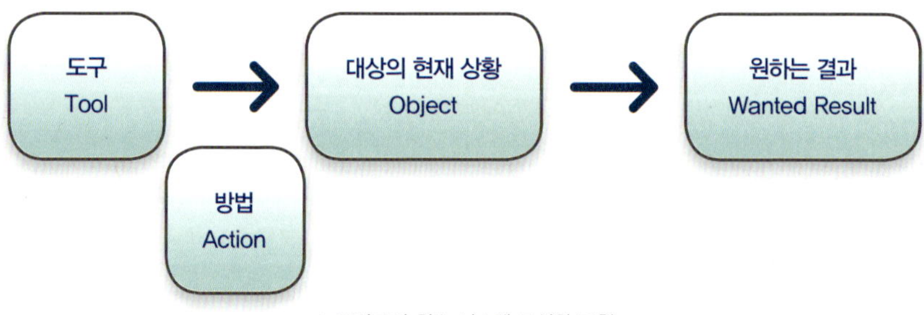

▲ 트리즈의 최소 시스템 도식화 모형

위의 도식화 모형에서 도구^{Tool}, 작용^{Action}, 대상의 현재 상황^{Object}이 표현되어 있다. 한 개의 도구가 한 개의 대상에게 하나의 작용을 하는 관계를 최소 시스템^{Minimum system}이라 하는데, 이것을 통해 내가 원하는 결과에 맞는 도구를 찾아가는 것이다. 원하는 결과는 같아도 대상에 작용하는 기능에 따라 도구는 얼마든지 바뀔 수 있다.

그럼, 소년 정주영은 어떻게 테이블 위에 올라갈 생각을 했을까?

위에 쓴 내용 중 소년 정주영의 생각을 다시 가져와 보자.

하지만 난 이 책에서 트리즈를 가르치고 싶은 생각은 없다. 이 책을 읽고 트리즈를 배우고 싶다는 생각이 들도록 쉽고 재미있게 쓰고 싶다.

이 책을 다 읽고 이런 알고리즘을 정말로 배우고 싶다면, 그때 트리즈를 알아가면 된다. 다만, 정주영 회장의 알고리즘을 따라가기 위해 트리즈에서 많이 쓰는 한 부분만을 가져와서 설명하려 한다.

트리즈는 이 책의 말미에 잠깐 소개하고자 한다.

결과적으로 빈대와 같은 바닥에 접촉되어 있는 상태가 싫었던 것이다. 그러니 내가 원하는 결과는 '창고 바닥에 있는 빈대와 접촉하지 않는 나'로 표현될 수 있다. 이렇게 목표를 설정했으면 현재 상황은 내가 원하는 결과의 전 상황이 된다. 즉, '창고 바닥에 있는 빈대와 접촉하는 나'가 되는 것이다.

그리고 작용에서는 소년 정주영이 처해 있는 상황 자체가 많은 자원이 없는 상태였고, 자신과 빈대가 있는 바닥을 분리할 수 있는 부분만을 찾았던 것이다. 그래서 찾은 것이 합숙소에 있는 자원 중 하나인 테이블을 쓰게 된 것이다.

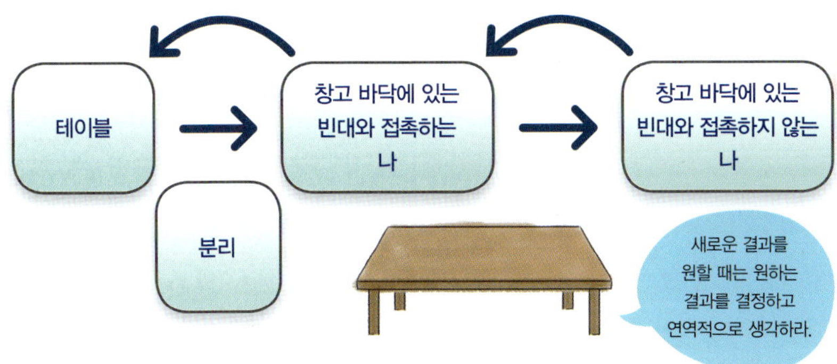

▲ 합숙소의 자원 중 하나인 테이블 상태

자, 이런 방법으로 소년 정주영의 생각을 다시 한 번 따라가보자.

테이블을 놓고 그 위에서 며칠을 편안하게 잤다. 그런데 이놈의 빈대들이 다시 물고 뜯는 것이 아닌가? 그럼 이 상황에서 내가 원하는 결과는 과연 무엇일까? 이 상황에서 무엇이 문제일까?

가만히 빈대들의 움직임을 자세히 살펴보니 테이블 다리를 타고 올라오고 있었다.

대단하네, 저놈들. 그런데 이때 정주영 회장은 빈대들이 물을 건너 오지 못한다는 것을 알고 있었다. 이것은 경험으로 통해 얻은 그 사람만의 자원으로 볼 수 있지 않을까?

만약에 나라면, 빈대들이 물도 뛸 수 있을 것이라 생각해서 세숫대야를 놓지는 못했을 것이다. 아마도 다른 방법을 생각했을 것이다.

이것은 지금까지 내가 살아왔던 상황에서 경험을 통해 알지 못하는 것이고, 어떤 사전 지식도 없는 결과이기 때문에 해결 방법은 다르게 나올 수 있다.

소년 정주영이 테이블을 놓은 상태에서 원하지 않는 결과가 나타났다. 바로 빈대들이 있는 창고 바닥과 테이블의 다리가 접촉해 있어서 빈대들이 타고 올라올 수 있도록 되어 있는 것이다.

위 상황을 트리즈 최소 시스템으로 표현하여 제대로 된 문제 해결 도출 방법을 생각해보자. 다만, 최소 시스템은 유익한 방법만 표현되는 것이 아니라 원하지 않는 결과^{Unwanted Result}도 표현될 수 있다는 점에 유의하자.

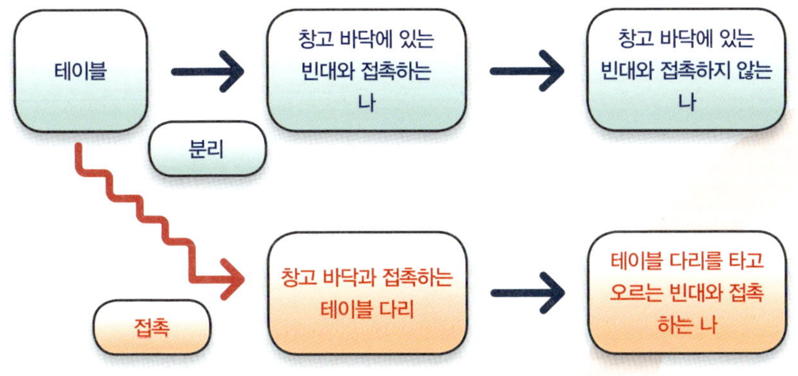

▲ 원하지 않는 결과로 표현될 수 있는 최소 시스템

위 그림과 같이 소년 정주영의 빈대를 피할 수 있는 창의 발상적 최소 시스템과 이로 인해 발생할 수 있는 원하지 않는 결과까지 포함하는 트리즈 관점에서의 최소 시스템으로 표현되었다. 자, 이렇게 되면 첫 번째 문제는 사라지고, 두 번째 문제만 남게 된다.

대부분의 문제는 하나의 질문만으로 구성되어 있지 않다. 수많은 질문들이 복합적으로 이루어져 하나의 실질적인 문제를 만든다. 그러나 누구나 문제를 문제라고 생각하지 않는다.

사람들이 흔하게 하는 말 중에 "원래, 그래."라는 말이 있다. 난 이 말을 매우 싫어한다. 아니 '원래'라는 말 자체를 싫어한다. 창의를 말하고 혁신을 말하면서 '원래'라고 말하며 과거의 고정관념에 기댄다고 생각한다. 세상에 '원래' 그랬던 것은 없다. 필요에 의해 바뀌어 가고 있는 것들이 현재 제자리를 지키고 있는 것일 뿐, 세상에 '원래'라는 말은 없다고 생각한다.

비즈니스 관계의 대화에서도 "원래 전 그런 사람입니다."라는 말을 하는데, 그것은 "난 변하고 싶은 마음이 없으니 당신이 바꿔."라는 뜻이다.

빈대에게 물리는 것이 '원래' 당연하다고 생각했던 대부분의 노동자들은 그냥 적당하게 빈대에게 물리면서 바닥에서 잠을 잔다. 이것은 자신도 모르게 현재와 타협하며 생활해 왔던 하나의 행동 양식이라 본다. 그 당연하다는 것을 깨자고 하는 부분이 창의이고, 혁신이 아닐까?

강의하면서 느낀 것이지만, 대부분의 교육생들은 해결해야 할 상황의 문제를 문제라고 생각하지 않는다. 해결하지 않아도 별로 불편하지 않다고 한다. 결국 그 상황에서 무엇이 문제인지를 잘 모른다는 것이 결론이었다.

문제를 인식하지 못하는 사람들은 소년 정주영과 같은 상황에서 아무런 이유 없이 바닥에서 빈대와 함께 자는 사람들이라고 생각한다. 현실과 약간의 타협은 당연하다고 생각하는 사람들…. 창의적인 사람이란 이러한 타협을 뒤로 하고 그것을 불편함으로 느껴 새로운 길을 가는 사람이 아닐까? 그중에 최고가 바로 정주영 회장이다.

▲ 빈대 때문에 고민하는 소년 정주영

최소 시스템처럼 창고 바닥이 테이블 다리와 접촉하는 것이 또 다른 상황을 만들게 되고, 빈대가 정주영 회장을 괴롭히게 되는 제2의 문제를 유발하게 된다. 물론 방금 발생한 문제를 다른 문제라고 생각하는 사람들도 있을 것이다. 아니! 문제라고 생각하지 않을 수도 있을 것이다.

과연 이러한 상황의 문제에서 창고 바닥과 테이블 다리가 접촉하지 않게 할 수 있는 자원에는 또 무엇이 있을까?

그 당시 소년 정주영은 물이라는 자원을 생각했고, 물을 담을 수 있는 세숫대야를 이용하게 된다. 즉, 대야에 물을 넣어 테이블 다리를 받치게 된다.

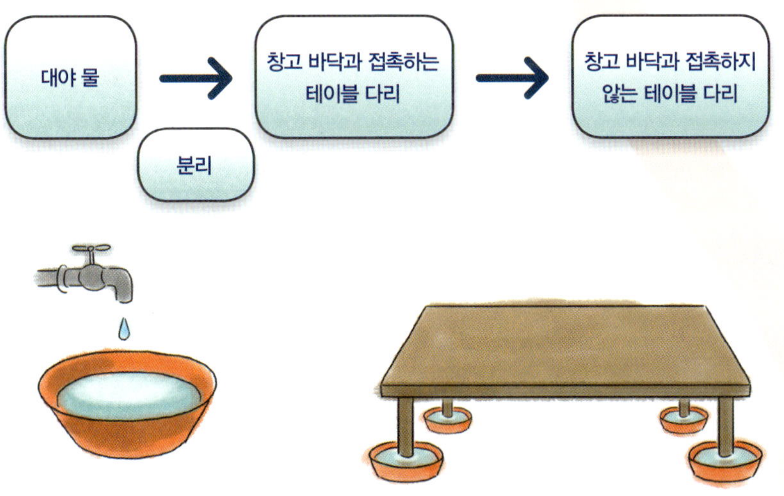

▲ 대야에 물을 넣어 테이블 다리를 받치는 대담한 발상

우와, 정말 대단하지 않은가!

지금의 나는 더 나은 생각을 할 수 있지만, 트리즈를 배우기 전에는 이러한 생각을 하지 못했을 것이다.

차, 그럼 문제가 여기서 모두 끝이 난 것인가?

그렇지 않다. 앞의 이야기에서 알 수 있듯이 아직 끝나지 않았다.

▲ 천장에서 떨어지는 빈대들

빈대들이 벽을 타고 올라가 천장에서 떨어져 내리는 또 다른 문제가 발생한 것이다. 소년 정주영은 이러한 상황에서, 빈대들의 끈기에 많은 것을 깨닫고, 빈대 철학[1]이라는 말이 생겨나게 된 것이다.

천장에서 떨어지는 빈대를 막는 방법

그런데 한가지 의문이 생긴다.

그럼, 천장에서 떨어지는 빈대들을 막을 수 있는 방법은 과연 없을까?

우린 여기서 소년 정주영의 창의성을 뛰어넘을 수 있을 것이다.

"부처를 죽여야 해탈을 할 수 있다"[2]라고 말한 임제[3]처럼 우린 정주영을 죽여야 더 창의적인 사고를 할 수 있다고 생각한다.

그럼 다시 목표를 성취하기 위한 최소 시스템을 그려보자.

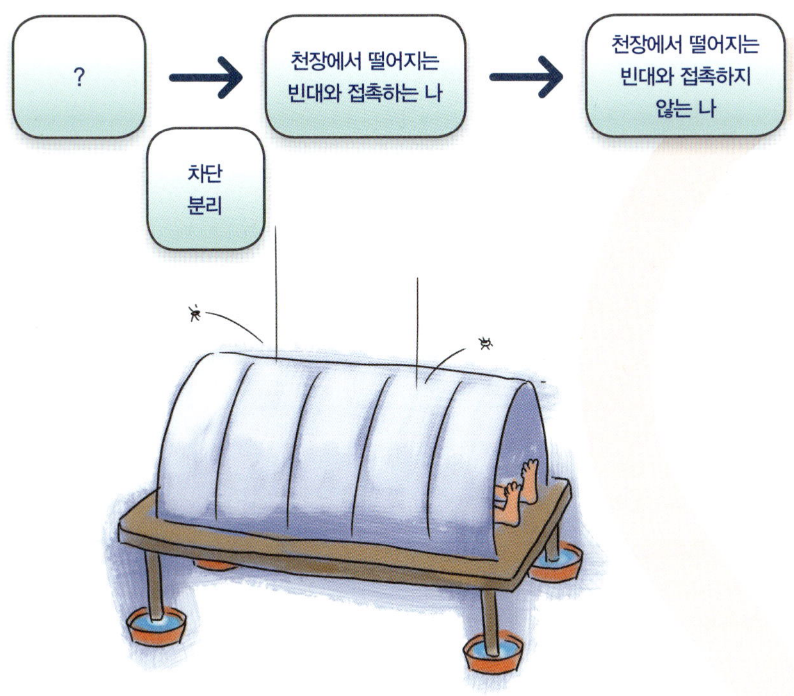

▲ 천장에서 떨어지는 빈대를 차단하는 모습

자, 우리는 소년 정주영을 따라잡았다.

천장에서 떨어지는 빈대와 접촉하지 않기 위한 방법은 많지 않을까?

나와 천장 사이 공간에 차단막이나 비닐을 설치해도 될 것이고, 아니면 천장에 물 양동이를 매달아 떨어지는 빈대를 차단할 수도 있을 것이다.

---

1 빈대 철학: 문제 앞에서 포기하는 이들에게 '빈대보다 못한 놈'이라는 표현을 할 정도로 도전과 지혜를 강조하는 정주영의 철학

2 살불살조(殺佛殺祖), '그대들이 참다운 깨달음을 얻고자 한다면 안으로나 밖으로나 만나는 것마다 바로 죽여야 한다. 부처를 만나면 부처를 죽이고, 스승을 만나면 스승을 죽이고, 부모를 만나면 부모를 죽이고, 친척권속을 만나면 친척권속을 죽여야 해탈해서 자유롭게 된다.'는 뜻으로 한 말이다.

3 중국 당나라의 선승

물론 깊이 들어가면, 기계장 Mechanical, 음향장 Acoustic, 화학장 Chemical, 열장 Thermal, 전기장 Electronic, 자기장 magnetic 을 이용하여 문제 해결 방안을 찾아낼 수 있을 것이다. 그런데 서두에서 말했듯이 이 책의 문제 해결 방법들을 따라하면 나도 정주영을 넘어설 수 있다.

아니면 근본적으로 빈대들이 못 올라오게 만드는 다른 방법을 구상할 수도 있다.

당신은 어떤 방법으로 소년 정주영의 창의성을 넘어설 수 있겠는가? 이 장을 넘기기 전에 당신이 가지고 있는 지금의 생각을 정리해 보았으면 한다. 이 책은 여러분에게 무엇을 가르치기보다는 당신도 창의적인 생각을 할 수 있다는 자신감을 얻도록 하기 위해 만들어졌기 때문이다.

▲ 문제를 최소 시스템에 적용해보기

지금부터 당신이 생각하고 있는 문제 상황을 최소 시스템에 적용하여 원하는 결과를 얻기 위한 아이디어를 도출해보자.

"길이 없으면 길을 찾아야 하며,
찾아도 없으면 길을 닦아 나아가야 한다."

– 고 아산 정주영 회장

▲ 새해 아침, 휘호하는 아산(1985년). 출처: 아산정주영닷컴(www.asan-chungjuyung.com)

아이젠하워의 방한

　미국 구어에 나오는 숙어적 표현 중에 'Go-to-Korea'라는 말이 있다. 이 말은 '난제를 정면으로 돌파하다.' 혹은 '맞닥뜨려 해결하다.'라는 의미를 지니고 있다.

　이 말은 미국 제34대 대통령인 드와이트 D. 아이젠하워^{Dwight David Eisenhower}의 1952년 10월 25일 연설문에 기인한다. 당시 아이젠하워 대통령은 연설을 통해 국민들의 압도적 지지를 얻게 되었고, 같은 해 11월 4일 대선에서 승리하게 된다.

　미국이 한국전쟁에 참전한지 2년 만에 2만여 명의 미군이 전사하였고, 미국 국민들은 전쟁의 종식을 간절히 원하고 있었다. 노르망디 상륙 작전으로 제2차 세계대전을 승리로 이끈 전쟁 영웅 아이젠하워가 본인이 직접 한국을 방문하여 전쟁을 끝내겠다는 다짐은 전 국민을 매료시키기에 충분했다.

　아이젠하워는 이러한 국민적 성원에 보답하기 위해 1952년 12월 대통령에 취임하기도 전에 한국 방문 약속을 이행한다. 이때부터 미국 공화당은 바쁘게 움직이기 시작한다.

　당시 공화당은 31대 하버트 후버^{Herbert Hoover} 대통령을 끝으로 20년간 정권을 잡지 못하고 있었다. 1933년부터 1945년까지 미국 역사상 네 번의 연임을 기록한 프랭클린 루스벨트^{Franklin Roosevelt} 대통령이 당선되었고, 이어 1945년에는 해리 트루먼^{Harry S. Truman} 대통령까지 민주당의 집권이 이어지고 있었다.

따라서 공화당은 아이젠하워 대통령을 통해 국민들에게 경제 대공황의 이미지를 지워버릴 만큼 강렬한 이미지를 심어주어야 할 필요가 있었다. 전쟁 영웅 이미지의 대통령 당선자가 방문을 하는 자리인 만큼 분명한 성과를 만들어 내야 했다. 하지만 당시 휴전 회담의 진행 상황은 쉽사리 끝낼 수 있을 만한 상황은 아니었다. 어떻게든 국민이 납득할 만한 시간을 확보할 필요가 있었다.

이때 아이젠하워 대통령은 미국 국민들이 가지고 있는 국가에 대한 충성심과 자부심이 다른 어느 나라보다 강렬하다는 것을 떠올리게 된다. 미국 국민들의 마음을 하나로 모을 수만 있다면 휴전 협상을 마무리할 만한 충분한 시간을 확보할 수 있으리라 생각했다.

결국, 공화당에서는 전쟁 영웅 아이젠하워 대통령이 전쟁에서 희생된 미군 장병들의 묘지에서 결연한 의지를 다지는 모습을 통해 전 국민적 애도를 이끌어 내고자 했다. 그리고 이 모습을 컬러 영상으로 제작하여 시각적 효과를 극대화하고자 했다.

당시, 미국 국민들은 세계기록문화유산으로 등재된 '오즈의 마법사'[1935] 가 보여준 시각적 쇼크에 고무되어 있었다. 따라서 희생 장병 묘역에서 참배하는 미국 대통령의 영상이 컬러로 제작된다면 국민들의 심금을 울릴 수 있는 좋은 기회가 될 것이 분명했다.

구체적인 계획이 수립되자, 미국 공화당은 한국에 주둔 중인 미 8군에 이러한 내용을 전달하고 준비에 만전을 기할 것을 당부하게 된다. 그런데 이 계획을 전달받은 미 8군 사령관 제임스 밴 플리트[James Van Fleet] 장군은 한 가지 치명적인 약점을 발견하게 된다. 아이젠하워 대통령의 방문 일정은 1952년 12월이었는데, 그 당시는 한겨울의 날씨라서 UN 묘지는 누렇게 말라버린 잔디로 뒤덮여 있었다는 점이었다. 밴 플리트 장군은 이 사실을 미국 본토에 긴급 타전하여 계획을 수정해달라고 요청한다. 하지만 이 전문을 받은 공화당도 난감하기는 마찬가지였다. 대통령 방문까지 얼마 남지 않은 시점에서 계획을 변경하기는 불가능했기 때문이었다. 밴 플리트 장군은 "무조건 실행하라!"는 전문을 받게 된다. 난감해진 밴 플리트 장군은 UN 묘지 담당자인 파커 소령에게 "무조건 실행하라."는 전문을 넘기며 자포자기하고 만다.

명령을 전달 받은 파커 소령도 난감하기는 마찬가지였다. 고민을 하던 소령은 여기저기 수소문을 하며 바쁘게 움직이기 시작했다.

그러던 중, 서울에 주둔 중인 공병대에서 아이젠하워 장군의 숙소를 준비하는 일을 맡고 있던 친구로부터 정주영을 만나보란 이야기를 듣게 된다. 친구로부터 전해 들은 정주영이란 사람의 이야기는 파커 소령의 귀를 솔깃하게 했다.

1950년의 대한민국은 너른 들판에 초가집만 즐비하던 낙후된 곳이었다. 그나마 서울 도심에 집다운 집이 몇 군데 남아 있기는 했지만, 그나마도 폭격으로 성한 곳을 찾을 수 없는 실정이었다. 그러던 중 아이젠하워 대통령의 방한 일정이 잡혔고, 변변한 호텔 하나 남아 있지 않은 서울에서 대통령 숙소를 장만하는 것이 여간 어려운 일이 아니었다.

미 공병대는 폭격의 피해가 없는 운현궁^{흥선대원군의 사저}을 대통령 거처로 정했다. 하지만 이곳은 보일러가 없어 따뜻한 물이 나오지 않았고, 화장실도 재래식이었다. 당장 보일러와 수세식 화장실을 설치해야 했다. 하지만 당시에는 양변기가 어찌 생겼는지 구경조차 하지 못하던 시절이었기 때문에 양변기나 보일러 파이프 등과 같은 자재를 구하는 것조차 어려운 상황이었다. 상황이 이렇다 보니 건설업자들을 만나 일을 시키려 해도 양변기가 무엇인지, 보일러가 무엇인지부터 설명해야 했다. 한국 건설업자들은 이야기를 들어도 이해하지 못했고, 이해를 해도 자재 구하는 것이 너무 어려워 난색을 표하기 일쑤였다. 그러던 어느 날, 무엇이든 맡겨만 주면 기한

내 무조건 완성하겠다며 큰소리 뻥뻥치는 사람이 나타난다. 지칠 대로 지쳐 있던 공병대 담당자는 일단 일을 맡기기로 결정했다. 단, 공사 기간 2주 안에 반드시 완성시켜야 한다는 조건을 달았다.

그랬더니 이번에는 2주 안에 완성하면 공사비를 두 배로 달라고 요구하며, 대신 기간 내 공사를 마치지 못하면 두 배로 보상하겠다는 조건을 내세웠다. 참 어처구니가 없는 말 같으면서도 당당하게 호언하는 것이 범상치 않아 보여 그 조건을 수락했다. 그랬더니 약속한 2주가 되기도 전인 열흘 만에 완성했다며 건설업자가 담당자를 찾아왔다. 담당자는 설마 하며, 운현궁을 돌아보았더니 어디서 구해 왔는지, 양변기, 보일러에 급수 설비까지 모두 완벽하게 설비되어 있었다. 담당자는 약속대로 공사대금의 두 배를 건설업자에게 지급했다고 한다. 이 건설업자가 바로 '정주영 회장'이었다.

파커 소령은 정주영 회장을 수소문하였고, 때마침 부산에 있던 UN군 묘지를 단장하는 일을 맡고 있던 사람이 정주영 회장이라는 사실을 알고, 곧바로 그를 만난다. 파커 소령은 정주영 회장을 만나자마자 UN 묘지에 푸른 잔디를 입히라는 주문을 한다.

▲ 푸른 잔디

파커 소령 "서울에 주둔하고 있는 미군 공병대로부터 정주영 회장의 재주가 매우 뛰어나다고 들었소. 지금 우리가 매우 급박한 사정에 처해 있소. 정주영 회장이 잘 해결해줄 수 있으리라 생각하오!"

정주영 "네! 그렇게 말씀해주시니 그저 감사할 따름입니다. 지금 진행하고 있는 UN 묘역 정리 작업도 일정대로 잘 진행되고 있으니, 너무 걱정하지 마십시오. 그런데 그 급박한 사정이란 게 도대체 뭡니까?"

파커 소령 "거두절미하고 말하겠소. UN 묘지에 푸른 잔디를 심어주시오. 시간은 닷새밖에 남지 않았소."

정주영 "그게 무슨 말씀입니까? 지금은 12월 한겨울인데, 푸른 잔디를 깔라니요?"

파커 소령 "이유는 묻지 마시오, 나도 매우 어려운 조건이란 건 잘 알고 있소. 하지만 반드시 그리 해야만 합니다."

정주영 회장은 잠시 생각에 잠겼다.

'한겨울에 푸른 잔디를 깔아야 한다?'

도대체 답이 나오지 않았다.

지금이야 비닐하우스에서 키운 잔디를 옮길 수도 있었겠지만, 전쟁이 휩쓸고 간 벌판에 비닐하우스가 있을리가 만무했다. 행여 있다고 하더라도 닷새 만에 싹을 틔워 옮겨 심는다는 건 불가능했다.

'푸른 잔디라, 푸른 잔디….' 머릿속으로 되뇌다가 문득 뇌리를 스치는 생각이 떠올랐다.

파커 소령은 정주영 회장의 입에서 방법을 찾겠다는 말이 나오자, 뛸 듯이 기뻤다. 공사비는 세 배가 아니라 열 배라도 줄 수 있었다. 파커 소령은 공사비에 대한 약속을 해주었고, 정주영 회장은 그 길로 트럭 30대를 사방에서 끌어 모아 낙동강 연안 근처의 보리밭을 통째로 사들인 후 푸릇푸릇한 보리들을 묘지에 옮겨 심었다.

사흘 후 정주영은 파커 소령을 찾아갔다. 파커 소령은 미소를 머금은 정주영 회장의 얼굴을 보고 일이 잘 처리되었다는 것을 느낄 수 있었다.

정주영	"꼭 잔디가 아니어도 푸릇푸릇한 풀을 구하면 된다고 하셨잖아요!"
파커 소령	"그랬지요. 그래서 어떻게 했단 말입니까?"
정주영	"푸른 풀을 찾아 한참을 돌아다녔지요. 그러다 낙동강까지 가게 되었는데, 거기서 푸른 들판을 보게 되었답니다."
파커 소령	"허허허, 그랬군요. 그게 도대체 무엇이었습니까?"
정주영	"네, 보리싹이 올라오는 중이었습니다. 그래서 지금 UN 묘역에 옮겨 심은 건, 보리싹이랍니다."
파커 소령	"보리싹으로 묘지를 덮었단 말이군요. 참 대단하십니다."

캬! 난 정말 이 이야기가 너무 좋다.

물론, '정황상 이러지 않았을까?'라는 생각에 여러 가지 이야기를 끼워 넣었지만, 문제에 집중하면 좋겠다.

▲ 봄 보리를 심은 모습

한겨울에 UN 묘지 푸르게 물들이기

정주영 회장은 풀 한 포기 나지 않는 한 겨울에 UN 묘지를 푸르게 물들였다.

많은 건설업자들이 도저히 생각하지 못했던 방법을 정주영 회장은 어떻게 생각해냈을까?

정주영 회장의 생각을 따라가보자.

파커 소령으로부터 작업 내용을 듣던 중 정주영 회장은 이렇게 묻는다.

"파커 소령님, 푸른 잔디를 심으라 하셨는데, 꼭 잔디는 아니어도 되는 거지요?"

얼핏 보면 대수롭지 않게 생각하고 넘어갈 수도 있는 부분이다.

하지만 정주영 회장의 한 마디 질문은 문제의 핵심을 한 번에 콕 집어내는 것이었다.

창의성 있는 사람이 아니라면 이 말은 할 수 없다.

정주영 회장은 분명 문제를 다르게 인식하고 있었다.

▲ 노란색 잔디로 뒤덮인 UN 묘지

▲ UN 묘지에 푸른 잔디를 깔아야 한다고 생각하게 된 과정의 최소 시스템

위 그림은 파커 소령이 푸른 잔디를 깔아야 한다고 생각하게 된 과정을 최소 시스템으로 표현한 것이다. 파커 소령이 원하는 결과는 아이젠하워 대통령이 방한하여 UN 묘지에 왔을 때 시각적으로 단정하게 잘 가꾸어진 느낌을 줘야 한다는 것이다. 그러나 한국의 사계절은 그것을 불가능하게 만들었고, 이 불가능한 일을 누군가에게 떠넘긴 것이라 볼 수 있다.

작업 내용　UN 묘지에 푸른 잔디를 심어라!
작업 시기　12월 한겨울
작업 기간　5일
장애 요인　추운 날씨에 잔디를 키울 수도 없고, 잔디를 구할 수도 없다.
결　　론　인간의 힘으로는 불가능한 작업

이렇게 불가능하다고 생각한 작업을 어떻게 정주영 회장은 할 수 있다고 생각했을까? 그는 도대체 어떤 생각을 했던 것일까?

UN 묘지에 푸른 잔디를 심어야 한다.
왜? 푸른 잔디를 심어야 하는 것일까?
　　→ 묘지에는 원래 잔디를 심는다.
　　→ 한 겨울인 12월에는 잔디가 누렇게 마른다.
　　→ 미국 아이젠하워 대통령이 방한하므로 UN 묘지를 예쁘게 단장해야 한다.
　　→ 묘지는 푸릇푸릇한 잔디가 깔려 있어야 예쁘다.
　　→ UN 묘지가 푸르게 보여야 한다.

일반적으로 묘지를 푸르게 하려면 잔디를 심어야 한다. 그런데 푸르게 보이도록 하는 것은 오직 잔디밖에는 없는 것일까? 잔디가 아니어도 된다면 한 번 해볼 만한 것 아닌가?

"파커 소령님, 푸른 잔디를 심으라 하셨는데, 꼭 잔디는 아니어도 되는 거지요?"

이 질문은 이러한 생각의 전개로 얻은 결과다.

일반 사람들과 다르긴 한데, 구체적으로 무엇이 다른 것일까?

정주영 회장은 묘지에 심는 잔디와 그 잔디의 기능을 분리하여 생각했다.

대부분의 사람들은 관습적으로 묘지에는 잔디를 심어 왔기 때문에 묘지에는 잔디를 깔아야 한다는 생각에서 더 이상 진전시키지 못한다.

잔디는 다년생 풀로 재생력이 강하고 지표면에 뿌리가 뻗어나가면서 번식하는 식물이다. 따라서 밟아도 잘 죽지 않고, 줄기가 지표면에 넓게 퍼져 있어 피복 효과被覆效果: 하위 유전자에 의한 표현형이 상위 유전자에 의하여 가려져 나타나지 않는 현상가 있다. 이러한 효과 때문에 예로부터 묘지에는 잔디를 심어 관리해 왔다.

묘지에 적합한 잔디의 기능

❶ 긴 수명(다년생 풀) – 매년 다시 심지 않아도 된다.
❷ 지표면에서 번식하는 줄기로 인한 피복 효과
❸ 키가 작고 연한 초록색이어서 시각 효과가 좋다.

반면 보리의 수명은 1년월령생-겨울을 나는 식물이고, 키가 1미터 넘게 자라며, 잔디만큼 재생력도 뛰어나지 못하다. 즉, 보리는 묘지에 적합하지 않은 식물이다. 하지만 한 가지 공통점을 가지고 있다. 잔디나 보리나 잎의 색깔은 연한 초록색을 띠고 있다는 것이다.

상황을 되짚어보자. 미국의 대통령 아이젠하워가 방문하기로 한 날이 5일 앞으로 다가왔다. 미군 담당자인 파커 소령은 5일 안에 UN 묘지에 푸른 잔디를 심으라고 주문한다.

정주영 회장은 몇 번을 되뇌어 생각하면서, 파커 소령이 원하는 결과물이 무엇인지 찾아냈다. 파커 소령에게는 UN 묘지에 잔디를 심든, 배추를 심든 상관 없었다. 푸른색의 잔디처럼 보이기만 하면 되었다. 그리고 한 가지 중요한 사실이 또 있었다. UN 묘지의 푸른색은 5일 후 미국 아이젠하워 대통령일 방문하는 시간까지만 유지하면 된다. 그리고 자신이 알고 있는 지식을 자원으로 하여 보리의 어린 싹은 연한 초록색이라는 것을 떠올렸고, 그것으로 문제를 해결할 수 있었다.

겨울에도 푸르게 보이는 보리싹

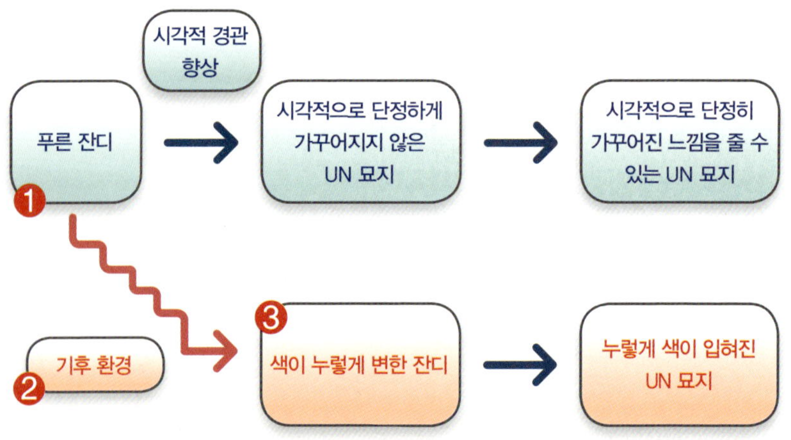

위와 같이 ❶번의 도구^{TOOL}를 변화시켜 보리싹을 심었다. 이것은 빈대가 물을 건널 수 없다는 지식과 마찬가지로 보리싹은 연한 초록색이라는 것

을 알고 있을 때 가능한 것이다.

여러분들은 알지 모르지만, 난 그런 상식이 없다. 지금은 시대가 변해 인터넷으로 간단하게 찾아볼 수 있다. 검색창에 '겨울에도 푸르게 보이는 풀'이라고 검색하면, 바로 찾을 수 있다. 하지만 당시에는 인터넷이 없었다. 나에게 이러한 의뢰가 들어왔다면 포기해야 했을까?

왼쪽 페이지 도식에서 알 수 있듯이 문제를 해결하는 방법으로 세 가지를 변화시킬 수 있다.

정주영 회장은 ❶번 푸른 잔디를 변화시키는 것으로 문제를 해결했다. 그럼, 우리는 다른 방식으로 접근하여 새로운 아이디어를 얻어보자. ❷번을 변화시키는 방법에는 무엇이 있을까? 한 개인의 힘으로 기후를 변화시킨다는 것은 불가능하다. 하지만 시간이라는 제약만 벗어난다면 일정한 지역은 비닐하우스를 세워서라도 기후를 변화시킬 수는 있을 것이다.

단, 시간적으로 힘들다. 이 방법으로는 문제를 해결하기가 힘들다.

그럼, ❸번 누렇게 색이 변한 잔디를 변화시켜보자. 색이 변한 잔디를 어떻게 바꿀 수 있을까?

예전에 텔레비전으로 축구 경기를 본 적이 있다. 보슬비가 내리는 날 대한민국 국가대표팀과 다른 나라 국가대표팀의 축구 경기를 하는데 슬라이딩을 하는 선수들의 유니폼에 자꾸 녹색이 묻어나는 것을 보게 되었다. 겨울철이라 축구장 잔디가 누렇게 색이 변했는데, 국제 경기가 열리는 만큼 보이기 좋게 만들기 위해 인체에 무해한 물질로 색을 입힌 것이다.

지금도 중국에서는 이런 방식으로 작업하는 사례들이 많다.

▲ 축구 경기 장면

▲ 잔디용 페인트를 사용하는 모습 출처: 구글(www.google.com)

다른 방법은 없을까? 빛을 이용할 수 없을까? 음파를 이용한 착시는 불가능한가?

많은 사람들이 트리즈가 뭐냐고 물으면, 난 '생활'이라고 대답한다. 모든 생활에 녹아 있기 때문이다.

그리고 많은 사람들이 "모순이다. 그래서 불가능하다."라고 이야기할 때, 트리즈가 모순을 푸는 방법론이기 때문에 "난 풀 수 있다."라고 이야기한다.

사람이 문제에 접했을 때, 시작점이 '이건 할 수 없어.'와 '이건 할 수 있어.'는 하늘과 땅 차이다. 문제를 보는 시작점이 다르므로 당연히 차이가 나는 것이다.

물론 위의 아이디어들이 정답이라고 말할 수는 없다. 좀 더 많은 방법이 있을 수 있고, 그 방법은 세상의 다양한 현상에 녹아 있다. 여러분이라면 어떻게 풀었을까? 지금부터 생각해보기 바란다.

"무슨일을 시작하든 된다는 확신 90%와 반드시 되게 할 수 있다는
자신감 10% 외에 안 될 수도 있다는 불안은 단 1%도 갖지 않는다."

– 고 아산 정주영 회장

▲ 새해 아침, 휘호하는 아산(1985년). 출처: 아산정주영닷컴(www.asan-chungjuyung.com)

전경련 회관

1977년, 정주영 회장은 제13대 전국경제인연합회 회장직을 맡게 된다.
정주영 회장의 취임식이 끝나고, 경남방적 김용완 회장, 효성그룹 조홍제 회장, 동아건설 최준문 회장과 함께 담소하는 자리를 가졌다.

김용완 "이렇게 전경련을 맡아줘서 정말 고맙습니다. 정 회장!"

정주영 "아직은 제가 맡을 때가 아닌데요. 김 회장님께서 너무 강권하시니 어쩔 수가 없군요."

김용완 "아! 정 회장, 내가 전경련 회장은 여섯 번이나 맡았잖아. 이젠 그만 해야지!"

조홍제 그럼요. 이제 70이 넘은 사람은 물러날 때가 되었지요."

정주영 아직 70을 넘지 않은 이병철 회장님도 계시잖아요."

조홍제 "이병철 회장이야 처음에만 잠깐 하기로 한 거잖아. 이 회장은 얼굴 보기도 힘들고."

정주영 "그리고 세대 교체라면 럭키 구자경 회장 정도가 맡아주는 게 맞잖아요."

조홍제 "구 회장은 2세 경영으로 들어간 것이고, 아직은 1세대들이 밀고 나가야지."

김용완 "무엇보다 정 회장이 건설을 맡고 있어서 내가 적극적으로 추천했지."

정주영　"우리 회원 중에 건설도 많이 있지 않습니까? 신동아 건설 최
　　　　순영 회장이 나이가 젊지만, 여기 함께 있는 동아건설 최 회
　　　　장은 저랑 나이도 비슷하고 또 전경련 일에 적극적인데요."

최준문　"정 회장님은 왜 가만히 있는 저를 끌고 들어가십니까? 허허
　　　　허."

정주영　"아니 뭐, 그냥 궁금해서 그런 거지요."

김용완　"사실은 내가 조 회장님하고도 여러 차례 이야기했는데, 정
　　　　회장이 전경련을 위해 재임 중에 꼭 좀 해줘야 할 것이 있어
　　　　요. 그래서 정 회장이 꼭 회장을 해야 해."

조홍제　"아무래도 건설을 하고 있는 정 회장이 적격이라는 데 생각을
　　　　같이 했지. "

최준문　"건설은 저도 하고 있는데요."

조홍제　"내가 최 회장을 무시해서 그런 것이 아니야."

최준문　"하하하, 농담입니다. 조 회장님. 저도 정 회장님이 적격이라
　　　　는 데 동의합니다. 아무래도 대인이 맡아야지요."

정주영　"사람 앞에 놓고 무안하게 다들 왜 그러십니까? 일단 무슨 일
　　　　인지나 말씀해보시지요."

조홍제　"김 회장이 말씀하세요. 나랑 눈만 마주치면 그 얘길 했잖아."

김용완　"알겠습니다. 조 회장님. 아마도 내가 1973년에 5·16 광장 근
　　　　처에 부지를 매입한 것은 잘 알고 있을 겁니다."

정주영　"네! 그렇게 하셨지요. 원래는 그게 전경련 회관을 건립하기
　　　　위한 것 아닙니까?"

최준문　"그래서 건설회사 회장이 필요하셨군요."

김용완 "그래요. 그런 것도 있지. 어쨌든 우리 한국에 내로라하는 회
사 총수들이 모이는 사무실인데, 어째 번듯한 건물 하나 없
어서 임대 기간 끝나면 이리 옮겼다 저리 옮겼다 해야 한다는
게 영 체면이 서질 않는다 말이야."

최준문 "그래서 전경련 이름으로 건물을 짓자 이 말씀이시군요. "

조홍제 "그렇게 하려 했지. 그런데, 그게 그렇게 쉽지 않더라구."

최준문 "그렇지요. 5·16 광장이라면 아직까지 군사 지역으로 묶여 있
을 텐데요."

김용완 "그것 때문에 아직 건물을 짓지 못하고 있었거든."

정주영 "지난 번 대통령께서 어느 정도 완화해주신 것으로 알고 있는
데요."

조홍제 "역시, 청와대랑 가까운 정 회장이 잘 아는구만. 그 덕분에 건
물을 지을 수는 있을 것 같은데, 무슨 일을 하든 군대랑 부딪
혀야 하니 일이 그리 쉽지가 않더라고."

최준문 "그래서, 청와대랑 가까운 정 회장님이 제격이란 말씀이시군
요? "

김용완 "맞아요, 맞아. 이거 잘못했다가는 건물 다 지어 놓고 허물어
야 하는 수도 있거든. 그러니까 처음 시작부터 정 회장이 맡
아주는 게 좋을 것 같아요."

조홍제 "각하와 각별한 사이도 사이지만, 정 회장이 워낙 발이 넓잖아!
그러니 무슨 문제가 생겨도 해결할 수 있을 거라 생각했지."

최준문 "정 회장님이야 국군하고 관계가 있는 것뿐만 아니라, 6·25 한

국전쟁 때 미군 일을 워낙 많이 하셔서 그쪽에도 줄이 많으시다 하던데요."

정주영 "우리나라에서 연결하면 줄이 안 닿는 사람이 어디 있겠습니까? 건설이라는 게 원래 사람을 많이 만나야 하는 거니 그렇지. 최 회장도 만만치 않은 것으로 알고 있는데!"

최준문 "정 회장님만큼 되려면 아직 한참 남았지요."

김용완 "허허허, 역시 건설하는 사람들이라 확실히 화통하구만. 우리처럼 섬유나부랭이 만지는 사람들하고는 차원이 틀리단 말야. 안 그렇습니까, 조 회장님?"

조홍제 "이 사람이 나까지 쫌생이로 엮으려고 하네! 나는 이제 중공업을 하는 사람이라구!"

김용완 "중공업을 세운 건 장남 조석래 사장이 한 거잖아요. 조 회장님 몸 속에 섬유쟁이 피가 흐르는 것을 어찌 속이시려구요."

조홍제 "내 아들이 한 게 내가 한 거지 뭐."

정주영 "하하하, 그만들 하세요. 농이 지나치면 싸움이 됩니다."

조홍제 "싸우긴 뭘 싸워, 섬유쟁이가 쫀쫀하니 그러지."

김용완 "네! 형님 섬유쟁이인 제가 쫀쫀하지요. 죄송합니다."

정주영 "좀 더 얘기해보지요. 전경련 회관을 얼마나 크게 짓는 게 좋을까요?"

김용완 "여의도 부지가 3만 평이니 거기에 맞게 건설하면 얼마나 커지는 거지?"

최준문 "뭐 공사하기 나름입니다. 10층을 지을 지, 20층을 지을지만 결정하면 되지요."

| 조홍제 | "까짓거 삼일 빌딩보다 높게 짓는 것이 좋지 않을까?" |

조홍제　"까짓거 삼일 빌딩보다 높게 짓는 것이 좋지 않을까?"

정주영　"내 맘대로 높게 지을 수는 없습니다."

최준문　"그렇습니다. 토지 용도마다 건폐율과 용적율을 따져 계산을 해봐야 합니다."

정주영　"대충 계산해보면 아마 20층 정도가 한계일 거라 생각합니다."

조홍제　"정부종합청사가 19층이니까 20층이면 좋겠구만. 20층으로 합시다."

김용완　"그 정도면 향후 전경련 운영에 있어서도 도움이 될 것입니다."

정주영　"네! 제게 맡겨주신 소임이니 최선을 다해보겠습니다."

김용완　"아마도, 태클 거는 사람이 많을 거예요. 잘 부탁드립니다. 정 회장!"

조홍제　"정 회장이 한 번 입 밖으로 뱉은 말을 다시 주워 담지 않는다는 걸 잘 알지. 전경련 회관이 건립되면 대한민국 경제계에 아주 큰 업적이 될 거야. 잘 부탁해요. 정 회장님!

최준문　저도 회장님을 보좌해서 열심히 해보겠습니다. 제가 할 수 있는 일이라면 맡겨만 주십시오. 회장님!

정주영　모두들 도와주신다는 말씀 감사합니다. 제 임기 내에 반드시 전경련 회관을 건립하겠습니다.

제13대 전경련 회장에 오른 정주영은 이렇게 전경련 회관 건립에 대한 목표를 세우게 된다.

목표가 세워진 만큼 이제는 그 목표를 향해 돌진하는 것만 남았다. 취임식이 끝나자마자 관련 정보들을 수집하고, 현대건설 이사회에서 전경련 회관의 건립을 직접 지시했다. 그로부터 4개월이 지난 1977년 8월 정주영 회장은 아직까지도 전경련 회관의 공사가 시작되지 못했다는 소식을 듣게 된다. 정 회장은 즉각 관련 이사들을 소집하고, 공사 진척 상황을 점검하게 되었다.

비서실장 "회장님, 모두 모였습니다."

정주영 "지금 시간이 얼마나 지났는데, 아무것도 못하고 있는 건지, 원! 가보자고."

정주영 "이번 전경련 회관 공사는 누가 지휘하고 있는 거야?"

정몽헌 "네, 회장님 제가 지휘하고 있습니다."

정주영 "어찌 된 건지 설명해봐! 왜 아직도 지지부진한 거야."

정몽헌 "죄송합니다. 사장님. 몇 가지 문제가 좀 있습니다."

정주영 "도대체 문제가 없는 일이 뭐가 있어? "

정몽헌 "네! 지금 그 문제 때문에 공군본부와 협의를 하고 있습니다."

정주영 "무슨 일인데 공군본부를 들먹여? 공군에서 뭐라 그래?"

정몽헌 "네! 회장님. 5·16 광장이 원래 공항으로 쓰이던 곳이라."

정주영 "지금은 공항이 아니잖아. 거기서 지금 애들이 자전거 타고 노는데 왜?"

정몽헌 "그렇긴 합니다만, 아직까지 유사시 군사용 비행장으로 활용될 계획을 가지고 있는 터라, 공군에서 관리를 하고 있습니다."

정주영	"그래서, 공군에서는 뭐라고 하는데?"
정몽헌	"네, 공군에서는 건물을 10층 이상 올려서는 안 된다고 합니다."
정주영	"그게 무슨 소리야? 왜 안 된다는 건데? 토지 용도 내역이랑 건폐율 확인한 거야?"
정몽헌	"네! 모두 확인해보았습니다. 토지 용도는 일반 상업 지역이고, 비행 지역도 아닙니다."
정주영	"그러면 되는 거잖아! 법적으로 문제 없는 거 아냐?"
정몽헌	"네! 그렇습니다. 회장님. 그런데 공군에서는 비상시에 대비한 규정을 따로 갖고 있다고 합니다. 그 규정에 의하면 여의도 지역에 10층이 넘는 건물을 허가할 수 없다고 합니다."
정주영	"그 규정이란 게 뭐야, 뭔지 좀 가져와 봐!"
정몽헌	"그게, 군사 기밀이라서 외부에 유출할 수 없다고 합니다."
정주영	"그럼 뭔지도 모른단 거야?"
정몽헌	"아닙니다. 국방부와 정부 담당자를 통해 내용은 파악되었습니다."
정주영	"얘기해봐. 뭐가 문제야? 비행기 착륙하는 데 걸리적거린다는 거야?"
정몽헌	"비행기 착륙과는 상관 없습니다. 활주로 지역에서 벗어나 있어서 문제는 아니라고 합니다."
정주영	"그럼?"
정몽헌	"활주로가 있는 지역은 전쟁 시 북 폭격기로부터 보호해야 하는 지역이라고 합니다. 그래서 침입한 폭격기나 전투기들을 공격할 수 있도록 고사포高射砲4가 설치되어 있습니다."

---

4 고사포(Antiaircraft Artillery, 高射砲): 항공기를 사격하는 데 쓰는 앙각(仰角)이 큰 포

정주영   "그런데?"

정몽헌   "전경련 건물이 10층을 넘어서면 고사포의 사각(射角)과 사계(射界)를 가리기 때문에 건물을 그 이상 높일 수 없다는 겁니다."

정주영   "그래서? 공군에서는 절대 못 해준다는 거야?"

정몽헌   "네! 회장님. 매우 완강합니다."

정주영   "국방부 쪽에 얘기 좀 해봤어?"

정몽헌   "국방부에서는 공군의 고유 권한이라 관여할 수 없다고 합니다."

정주영   "그럼 뭐야, 어쩌자는 게야?"

정몽헌   "지금 계속 설득 작업을 하고 있습니다."

정주영   "어떻게 설득할 건데?"

정몽헌   "현재 5·16 광장은 1958년 김포공항 이전으로 공항으로서의 기능은 모두 소멸하였고, 공군 기지의 기능도 1971년에 모두 소멸되었습니다. 따라서 고사포의 효용성은 없는 것으로 판단되고, 여의도 지역은 서울 도심 개발의 초석으로 전경련 회관이 입주하는…."

정주영   "몽헌아!"

정몽헌   "네! 회장님."

정주영   "그렇게 설명하면 공군에서 물러설 것이라고 생각하니?"

정몽헌   "사실 고사포(高射砲)는 있으나 마나한 것 아닙니까? 그러니 철수하는 것이 당연합니다."

정주영   "고사포가 없어져야만 전경련 회관을 지을 수 있다고 생각해서는 안 된다."

정몽헌　"고사포가 있는 한 전경련 회관은 10층 이상 지을 수가 없습니다. 회장님!"

정주영　"지금 고사포 부대는 어디에 있는 거야?"

정몽헌　"갑자기, 고사포 부대의 위치는 왜 물으시는 건지."

정주영　"대답이나 해봐! 도대체 어디 있는 거야?"

정몽헌　"국회의사당 옥상에 있습니다."

정주영　"그럼 지금 현재, 그러니까 오늘까지 말야. 여의도에서 가장 높은 건물이 뭐야?"

정몽헌　"국회의사당입니다."

정주영　"고사포 부대는 높은 곳에 위치하는 게 가장 유리하단 말이구면! 그렇지?"

정몽헌　"예! 회장님. 아무래도 높은 곳에 위치하는 것이 가장 유리하겠지요."

정주영　"그러면, 생각을 좀 해봐. 고사포 부대를 가장 높은 곳으로 이전시켜주면 되잖아!"

정몽헌　"그게 무슨 말씀이신지?"

정주영　"미국까지 가서 공부를 했다는 놈이 아직도 이해를 못하는 거야?"

정몽헌　"죄송합니다. 회장님."

정주영　"어찌된 게, 많이 배운 것들 입에서는 '죄송합니다.' 소리밖에는 안 나오는 거야?"

정몽헌　"제가 잘 이해를 못해서 그렇습니다."

정주영　"이거 봐! 지금 제일 높은 건물에 있어야 하니 국회의사당 옥상에 있는 거 아냐?"

정몽헌	"네! 회장님, 그렇습니다."
정주영	"그러면, 전경련 회관을 짓고 나면 어느 건물이 가장 높은 거야?"
정몽헌	"그거야 당연히, 전경련…. 그렇다면, 고사포 부대를 전경련 회관 옥상으로 이전시켜준다고 설득하란 말씀이시군요?"
정주영	"이제야 알아들은 거야?"
정몽헌	"네! 회장님. 이제야 이해가 됩니다. 고사포 부대는 높은 곳에 위치할수록 유리하니까 굳이 반대할 명분이 없겠군요."
정주영	"어떠한 상황에서든 문제가 나타나는 것은 물러설 수 없는 두 개의 입장이 대립하고 있기 때문이다. 그런데 어느 일방에게 양보를 하라고 하면 절대로 문제는 해결되지 않는 법이다. 두 개의 상황을 모두 해결할 수 있는 방법을 찾아야만 하는 것이지."
정몽헌	"모순 상황에서 어느 하나를 포기하지 말고 두 가지 상황을 모두 충족시키도록 노력하란 말씀이시군요."
정주영	"이제야, 공부한 티가 좀 나는구먼. 앞으로도 그렇게 해결책을 찾도록 해!"
정몽헌	"명심하겠습니다. 회장님!"

여의도에 20층짜리 전경련 회관을 지은 이유

정주영 회장의 사례들을 읽으면서 느끼고 있을 것 같다. 정주영 회장은 참 대단한 사람이었구나! 어떻게 저렇게 생각할 수 있을까? 난 할 수 있을까?

물론 나도 처음 이 책을 쓰기로 마음먹고 정주영 회장의 사례들을 찾으며 정말 이것을 어떻게 풀어갈까 많은 고민을 했다. '결론을 잘 쓸 필요는 없다. 그냥, 내가 느끼는 대로만이라도 사람들에게 보여주자'였다. 다시 정주영 회장을 따라가보자.

먼저 정주영 회장이 전경련 회장에 취임하면서 왜 여의도에 20층짜리 전경련 회관을 지으려고 했을까? 여러 가지 이유가 있을 수 있다. 현재는 20층 건물이 별로 큰 건물이라 생각되지 않지만, 1977년 정주영 회장이 전경련 회장으로 취임했을 당시에는 꽤 큰 건물이었다. 또한 여의도에 전경련 소유의 부지도 있었다. 무엇보다 가장 중요한 것은 이벤트를 통해 전경련의 단합된 모습과 위상을 향상시켜야 한다는 것이었다. 이것을 한 번에 만족시킬 수 있는 방법이 바로 여의도에 자리 잡은 고층의 전경련 회관이었다. 이러한 생각의 알고리즘을 최소 시스템으로 표현하면 다음과 같다.

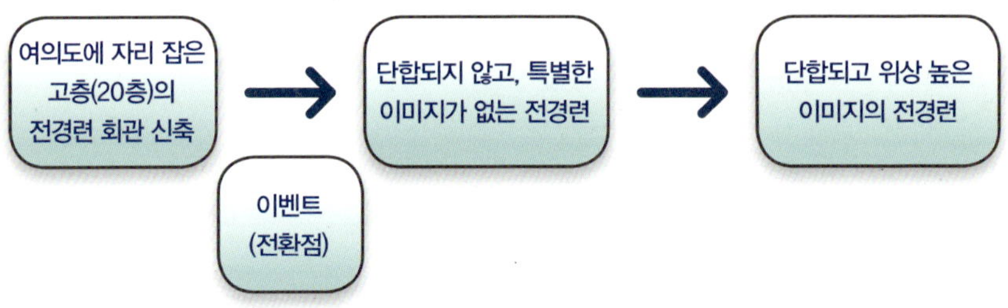

▲ 전경련의 단합된 모습과 위상을 나타내는 알고리즘

우리는 이러한 정주영 회장의 생각의 흐름을 파악할 수 있다.

여기까지는 전혀 문제가 되지 않는다. 원하는 결과를 얻기 위해 기존의 무언가를 변화시켜야 하고, 그 변화를 이끌어 낼 수 있는 도구를 생각할 수 있었기 때문이다. 하지만 그 도구가 다른 무언가에 유해한 작용을 미치게 된다면 문제가 되는 것이다. 다시 여기에서 위의 사례를 연결하여 생각해보자!

도구로 활용하려 했던 '여의도에 자리 잡은 고층의 전경련 회관'은 사례에서 이야기했듯이 당시 군사적 시설에 사계射界를 가로막는 유해한 작용을 하게 된다. 즉, 특정한 곳에는 유용하지만 또 다른 어떤 한 곳에는 유해한 영향을 미치게 된다.

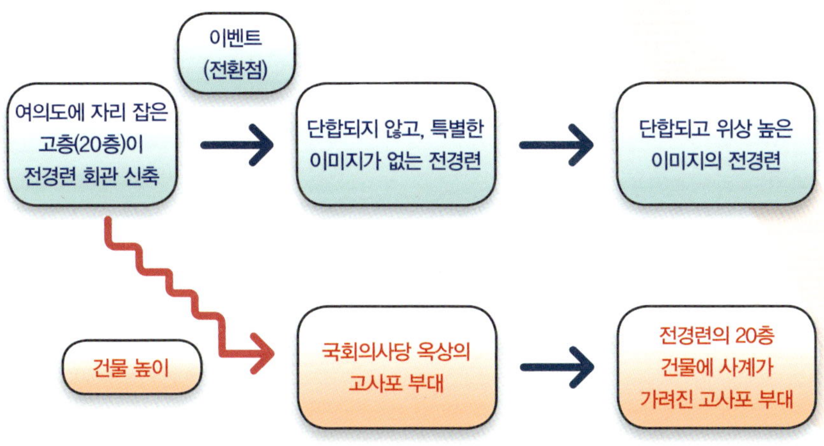

▲ 전경련 건물의 허가에 영향을 미치는 문제 발생

위의 그림과 같이 높은 건물은 고사포 부대의 사계를 가리게 되고, 이로 인해 전혀 원하지 않았던 '전경련 건물에 사계가 가려지는 고사포 부대'라는 결과가 나오게 된다. 이로 인해 허가가 떨어지지 않는 결과까지 초래하게 된다.

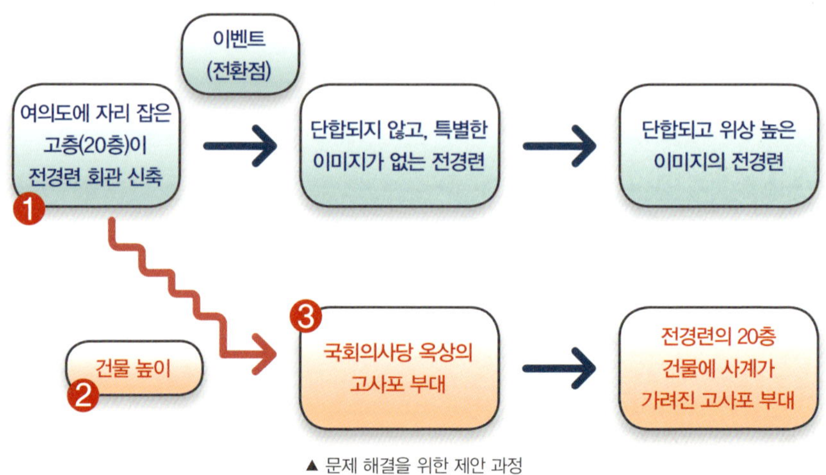

▲ 문제 해결을 위한 제안 과정

이렇게 모순의 상황이 발생하면 위의 그림에서 ❶, ❷, ❸ 숫자의 순서대로 문제 해결을 위한 방법을 찾아 나간다. 먼저 '도구'를 변형하는 방법이 있다. 즉, 여의도에 건물을 짓지 않고 다른 방법을 통해 전환점을 만들어야 하는 것이다. 그리고 두 번째 '건물 높이'에 변화를 주어야 한다. 당시 20층으로 계획했던 것을 사계가 가려지지 않는 범위까지 낮추는 것이다. 하지만 이 또한 정주영 회장은 마음에 들지 않았다. 그렇다면 이제 남은 것은 단 하나, 바로 '국회의사당 옥상의 고사포 부대'를 변화시키거나 제거하는 방법이 있다. 국가 안보를 위해 존재하는 고사포 부대를 없애는 건 불가능한 상황이었다. 하지만 고사포는 가능한 한 높은 곳에 위치하면 좋은 기능을 할 수 있다. 현재 위치하고 있는 곳보다 더 높은 장애물이 생기는 것이 아니라 더 높은 곳으로 이동할 수 있는 기회가 생기는 것으로 생각할 수 있다. 따라서 정주영 회장은 고사포 부대의 위치를 전경련 회관의 옥상으로 옮길 것을 제안하게 된다.

p.74 도식에서 ❶, ❷번을 변경 또는 제거한다면

위의 사례에서 정주영 회장이 생각하고 해결한 방법을 보면 정말 입이 벌어질 만큼 기발하고 창의적이다. 하지만 우리는 더 좋은 아이디어를 생각할 수 있는 힘을 가져야 하지 않을까? 그렇다면 어떠한 방법이 있을지 한번 생각해보자. 위의 설명에서 ❶, ❷번을 변경하거나 제거할 수 있는 좋은 아이디어가 있다면, 정주영 회장의 아이디어보다 훨씬 더 좋은 아이디어가 나올 수 있으리라 생각한다.

중동으로

　정주영 회장 이야기를 하다 보면 꼭 나오는 단골 메뉴가 있다. 그것은 바로 그 분의 긍정적인 성격과 굽히지 않는 추진력이다. 그중 대표적인 것이 바로 중동 진출에 대한 내용이다.

　1975년 박정희 대통령이 정주영 회장을 청와대로 불러 "지금 중동에서 돈을 벌 기회가 있는데, 담당자들을 보냈더니 낮에는 너무 더워 일을 하지 못하고, 또 사막이라 물이 없어 공사를 못하니 가봐야 소용없다고 하는데 정 회장 생각은 어떠한가?"라고 물었다. 직접 중동으로 날아가 5일 만에 돌아온 정주영 회장은 이렇게 말했다.

▲ 중동 사막

이를 계기로 달러가 부족하던 우리나라에 엄청난 오일 달러를 가져오게
되는 길이 열린다.

그럼, 정주영 회장이 말한 것들을 왜 다른 사람들은 보지 못한 것일까?
그것은 자라오면서 몸에 배어 있는 습관같이 생각이 고정되어 있기 때문
이라고 볼 수 있다.

특히, 전문가라고 하는 사람들은 지금까지 과거의 사람들이 책이나 경
험으로 알아온 것들이 맞는 것이라는 전제를 두고 생각하는 경향이 있다.
물론 전부를 이야기하는 것은 아니다.

하지만 전문가들이 이런 실수를 한다. 정주영 회장의 사례들 중에는 각 분야의 박사들도 해결하지 못한 것들을 아무렇지도 않게 해결하는 경우가 많은데, 그것은 정주영 회장의 생각이 틀 속에 갇혀 있지 않기 때문이다. 그렇다면 어떻게 이런 생각을 연습할 수 있을까?

우리나라에서 지금도 많이 하고 있는 아이디어 발상법인 브레인스토밍은 물론 좋은 방법이다. 그러나 우리나라와 같이 권위적인 기업 분위기에서는 직위가 낮은 사람들은 말을 제대로 하기가 어렵다. 생각이 열린 방법을 내놓아도 높은 직위의 사람들이 "내가 해봤다", "그거 돈 많이 들어", "넌, 생각이 없니" 등의 말로 이야기를 할 수 없게 만든다.

물론, 요즘은 기업 분위기가 많이 바뀌어서 그렇지 않다고들 하지만, 대부분의 회사들은 아직도 이와 같은 분위기인 것이 사실이다.

나는 개인적으로 강의를 하면서 몇 가지 아이디어 방법론을 이야기하는데, 다양한 생각을 이끌어 낼 수 있기에 이 책에 소개하려고 한다. 현재 나와 있는 발상법은 스캠퍼Scamper[5], 브레인스토밍BrainStorming[6], 브레인 라이팅Brain writing[7] 등 수없이 많다. 물론 지금 이 시간에도 많은 것들이 나오고 있다고 생각한다. 그러나 나에게 중요한 것은 정말 내가 쉽게 쓰고 그것을 바로 적용할 수 있느냐는 것이다. 일단 그중 한 가지는 '역전 발상법'이다.

---

5 Scamper: 창의력 증진 기법으로, 아이디어를 얻기 위해 의도적으로 시험할 수 있는 일곱 가지 규칙을 의미한다. S = Substitute [기존의 것을 다른 것으로 대체해보라], C = Combine[A와 B를 합쳐 보라], A = Adapt[다른 데 적용해보라], M = Modify, Minify, Magnify[변경, 축소, 확대해보라], P = Put to other uses[다른 용도로 써보라], E = Eliminate[제거해보라], R = Reverse, Rearrange[거꾸로 또는 재배치해보라] 등을 뜻한다(출처: 스캠퍼기법 [一技法, Scamper] (HRD 용어사전, 2010. 9. 6., (주)중앙경제).

6 BrainStorming: 일정한 테마에 관하여 회의 형식을 채택하고, 구성원의 자유 발언을 통한 아이디어의 제시를 요구하여 발상을 찾아내려는 방법이다.

7 Brain writing: 많은 구성원들로 이루어진 조직에서 활용되는 아이디어 창출 기법으로, 브레인스토밍과 유사하지만 발언에 소극적인 사람의 참여를 유도할 수 있으며, 지배적 개인의 영향력을 줄일 수 있는 장점이 있다.

<table>
<tr><td colspan="2">Reverse Idea
역전 발상법</td><td>수행 목표</td><td>새로운 빵을 개발하라</td></tr>
</table>

기본 개념	개념 뒤집기	아이디어
1. 물을 넣어 반죽한다.	1. 물로 반죽하지 않는다.	1-1. 우유(두유)로 반죽한다. 2. 오징어 먹물로 반죽한다.
2. 맛이 있어야 한다.	2. 맛이 없어도 된다.	2-1. 한약재를 넣은 치료 목적의 빵 2. 식이섬유가 함유된 다이어트 빵
3. 저렴해야 한다.	3. 비싸도 된다.	3-1. 금가루가 함유된 빵 2. 녹차가 함유된 빵
4. 구워서 만든다.	4. 안 구워도 된다.	4-1. 동결건조 생식 빵 2. 컵라면 같은 즉석 요리 빵
5. 이스트가 필요하다.	5. 이스트가 필요 없다.	5-1. 수제비 빵 2. 끓여 먹는 빵

최종 아이디어

'사고를 하기 위해 반대로 생각하라.'는 말을 해도 그것을 어떻게 해야 하는지 모르는 경우가 많다. 그럴 때 간단하게 쓸 수 있는 것으로, 중동의 예를 들면 다음과 같은 방식으로 표현된다.

기본	개념 뒤집기	아이디어
더워서 일을 못한다.	더워도 일을 할 수 있다.	❶ 공간을 분리하여 일하기 ❷ 시간을 분리하여 일하기
물이 없다.	물이 있다.	❶ 물을 자체 조달하기 ❷ 물을 다른 곳에서 실어오기

위와 같이 일단 개념을 뒤집는 연습이 필요하다. 그럼, 아이디어는 나오게 된다. 누구나 가능하지만, 시간이 걸릴 뿐이다. 처음에 말했듯이 정주영 회장이나 천재들은 이러한 사고 체계가 보통 사람들의 사고 체계보다 극단적으로 짧기 때문에 생각이 빨리 떠오르는 것이다. 그렇다면 이것은 무엇을 말할까? 맞다. 반복 연습이다. 다양한 사항들을 놓고 연습을 하다 보면 어느 순간 나도 모르게 기본 개념을 뒤집어 생각할 수 있다는 것이다.

많은 사람들이 '뭐 이래?' 하고 생각하는 방법들을 우리는 직접 보고 나서야 알게 된다. 안다고 생각하는 것과 아는 것은 다른 것이다. 세상에 나온 많은 아이디어 제품 중에 '난 왜 이런 생각을 못했지?' 보다는 나도 이 생각을 했지만 더 좋은 것이 나올 때까지 참고 찾아가는 것이 어떻게 보면 세상을 사는 현명한 방법이 아닐까?

남들과 똑같은 생각을 하거나 누구나 쉽게 따라오는 생각으로 앞으로를 살아가기에는 무수한 방해물이 있을 듯한데, 이 책을 읽는 사람들 중 단 몇 사람이라도 반복하여 연습하기를 바란다.

두 번째는 강제 연결법, 목표에 따라 아이디어 발상을 할 때 사용되는데, 브레인스토밍으로 사람들에게 아이디어를 내라고 할 때와는 다른 양상을 보여준다. 일단, 어떠한 툴이 제공되면 사람들은 좀 더 쉽게 적용하게 되는 점을 발견할 수 있다.

Force Connection 강제 연결법		
수행 목표	새로운 시계를 만들어라.	
징검다리	나비	

징검다리 특징	아이디어
1. 수명이 짧다.	1. 일회용 시계
2. 여러 가지 색상이 있다.	2. 온도에 따라 색상이 변하는 시계
3. 꽃 향기를 좋아한다.	3. 향이 나는 시계
4. 독이 있다.	4. 경보용 발생 장치가 내장된 치안 방지용 시계
5. 더듬이가 있다.	5. 무인속도, 음주 측정 센서 부착 시계

최종 아이디어

책을 만든다고 가정할 때 위의 방법을 사용하면 다음과 같은 방식으로 풀어나갈 수 있다.

징검다리는 일단 나비로 정하고 실행해보자.

1 수명이 짧다.	❶ 빛을 비추면 글이 사라지는 책. 한 번만 읽을 수 있다. ❷ 한 페이지씩 끊어서 먹는 책 ❸ 화장지로 쓸 수 있는 책
2 여러 가지 색상이 있다.	❶ 내가 좋아하는 색으로 책을 주문할 수 있다. ❷ 만지는 곳의 색깔이 변하는 책
3 꽃향기를 좋아한다.	❶ 향기가 나는 책 ❷ 내면의 향기를 품고 있는 책 ❸ 책장을 잘라 꽃으로 만들게 재단되어 있는 책
4 독이 있다.	❶ 비판적인 사고로 집필된 책 ❷ 독극물이 닿으면 색이 변하는 책
5 더듬이가 있다.	❶ 책의 전체 내용을 첫 페이지에 보여준다. ❷ 주요 내용이 서술적이지 않고, 방향 제시를 통해 이동하며 읽는 책

위와 같이 한 사람이 짧은 시간에 아이디어를 발상하면, 예를 들어 5명이 한 조가 되어 30분 정도면 수십 개, 수백 개의 아이디어를 발상할 수 있게 된다. 다수의 아이디어에서 좋은 아이디어를 뽑아내면 기대 효과가 커지기 때문에 이러한 방법은 굉장히 효율적으로 사용할 수 있다.

반대로 생각하거나 극단적으로 생각할 수 있는 아이디어는 이렇게 한 가지 툴이 적용될 때 짧은 시간에 좀 더 나은 아이디어가 나온다.

자, 그럼 우리는 어떤 아이디어를 낼 수 있을까?

❶ 창의적인 어플을 만들자.　　　❻ 창의적인 프로그램을 만들자.
❷ 창의적인 볼펜을 만들자.　　　❼ 창의적인 신발을 만들자.
❸ 창의적인 시계를 만들자.　　　❽ 창의적인 혁대를 만들자.
❹ 창의적인 계산기를 만들자.　　❾ 창의적인 연필꽂이를 만들자.
❺ 창의적인 커피를 만들자.　　　❿ 창의적인 핸드폰을 만들자.

우리들은 수많은 것을 연습할 수 있다. 내가 원하는 것을 만들어 보자. 그리고 만든 제품에 어떤 문제가 숨어 있는지 찾아보고, 그것을 해결해 보자.

만약, 좋은 아이디어가 떠올랐다면, 그것을 만들어 보자. 행동하는 사람을 생각하는 사람이 이기지 못한다. 특허를 내는 사람들이 부럽다면 행동하고 알아보자. 누구나 특허를 낼 수 있다. 지식재산센터나 테크노파크 등에서 무료로 특허를 진행해준다. 길은 열려 있다. 그리고 우리의 생각도 열려 있다.

중동 진출의 최소 시스템

위의 글과 관련하여, 지금부터는 최소 시스템으로 이야기를 풀어보자. 1975년 박정희 대통령은 정주영 회장을 청와대로 불러 중동으로 진출할 것을 권유했다. 위의 사례를 풀어 나가기 위해서는 어떤 생각과 목적으로 박정희 대통령이 중동 진출을 권유했는지부터 생각해야 할 필요가 있다.

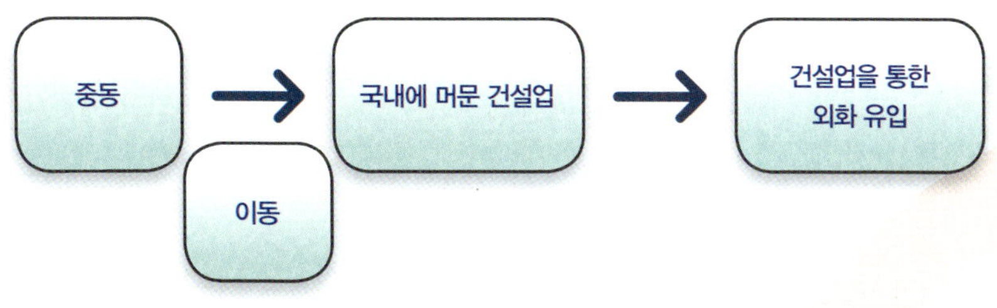

▲ 건설업의 중동 진출

시대적 배경을 살펴보면, 석유 파동을 겪으며 진 세계의 돈이 중동으로 몰려들고 있을 시점이다. 이로 인해 내수 경기는 바닥을 치고 있었고, 중동으로 진출하여 돈을 벌어 올 필요가 있었다. 그중 가장 규모가 큰 것이 바로 건설업이었고, 이러한 생각과 목적을 이루기 위해 박정희 대통령은 정주영 회장에게 중동 진출을 권유했던 것이다. 즉, 문제를 해결하기 위한 툴을 '중동'이라 생각한 것이다.

위의 도식처럼 당시 박정희 대통령이 가지고 있던 고민을 해결하는 방법은 건설업이 중동으로 진출하는 것이었다.

하지만 중동 파견을 위해 사전 조사를 다녀온 담당자의 의견을 듣고 고민에 빠지게 된다. 그 담당자는 중동의 특수한 기후 조건들로 인해 건설업을 하기에는 부적합하다고 이야기한다.

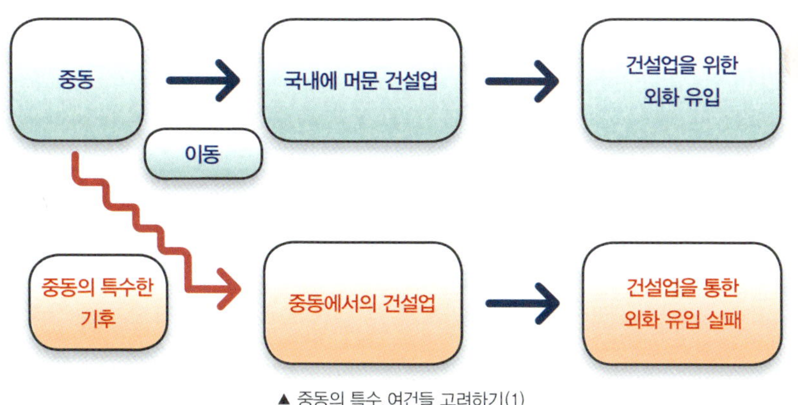

▲ 중동의 특수 여건들 고려하기(1)

이러한 사항을 트리즈^{TRIZ}의 최소 시스템으로 표현하면 위 그림과 같이 표현할 수 있다. 우리가 원하지 않았던 결과가 나오는 것을 이런 방식으로 표현하면 어떤 것이 우리에게 필요한지 보여준다.

위의 그림에서 알 수 있듯이 '중동'이라는 툴을 통하여 문제를 해결하려 하였으나 이 툴이 가지고 있는 또 다른 특성으로 인하여 우리가 원하지 않는 결과가 나오고 있는 것이다.

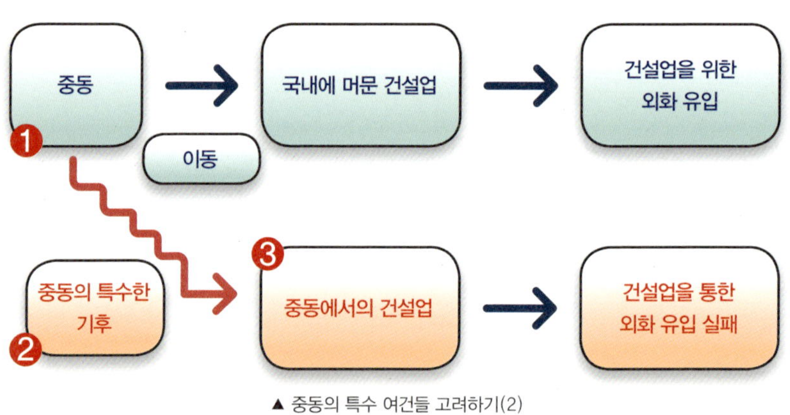

▲ 중동의 특수 여건들 고려하기(2)

이와 같이 처음 생각한 툴에서 우리가 원하지 않았던 유해한 작용이 발생하였을 때는 위 그림에 표시된 ❶, ❷, ❸번을 변화시키거나 제거함으로써 문제를 해결해 나갈 수 있다고 이야기했다. 먼저 ❶번을 생각해보자. ❶번을 변경하면 우리가 달성하고자 하는 목적을 이루기가 어려워진다. 그 이유는 전 세계의 많은 돈이 중동에 몰려 있는 상황이기 때문이다. 그렇다면 ❷번을 변화시키거나, ❸번을 변화시키거나 제거하여야 한다. ❸번을 생각해보면, 중동에서 외화를 벌어들일 만한 다른 사업 아이템을 생각하면 된다. 하지만 규모로 본다면 건설업만큼 외화를 유입시킬 수 있는 아이템도 그리 많지 않다. 그렇다면 이제 남은 것은 한 가지, 바로 ❷번 '중동의 특수한 기후'인 것이다.

우리가 원하는 결과를 얻기 위해 중동의 특수한 기후를 파악하고, 그 특수한 기후를 어떻게 유용한 작용으로 전환시킬 것인지를 생각해야 한다. 박정희 대통령이 보낸 담당자의 말을 생각해보자.

첫째, 중동의 낮 기온은 50도가 넘어 너무 덥다.
둘째, 1년 동안 비가 내리지 않는다.
셋째, 사막이라 모래와 자갈밖에 없는 지역이다.

이러한 중동의 특수한 기후를 트리즈^{TRIZ}의 40가지 발명 원리를 활용하여 유연하게 생각해보자.

40가지 발명 원리는 1번부터 40번까지 모두 적용하며 생각하는 것이 가장 유용하다. 그중 몇 가지를 대입하여 위에서 살펴본 세 가지 특성을 생각해보자.

▲ 거꾸로 하기: 낮에 일하고 밤에 쉬는 것을 중동의 특수한 기온을 반영하여 낮에는 쉬고, 밤에 일을 하면 된다.

22. 전화위복 (Convert Harmful To Useful)

▲ 전화위복: 중동에 1년 동안 비가 오지 않는 것은 유해한 것이라 생각할 수 있지만, 한편으로는 좋은 기회가 될 수 있다. 비가 오지 않으니 1년 내내 일을 할 수 있고, 그렇게 되면 공사 기간을 단축시킬 수 있게 되는 것이다.

▲ 유용한 작용의 지속: 공사를 하기 위해서는 모래와 자갈이 필요하다. 중동에는 지천에 모래와 자갈이 깔려 있기 때문에 언제든지 조달할 수 있다.

트리즈에는 많은 기법이 존재하는데, 그중에서 모순이 생겼을 때 해결할 수 있는 40가지 발명 원리라는 것이 있다. 이는 수백만 가지의 발명 특허들을 분석하여 모순이 생겼을 때 해결을 도와주는 패턴화된 자료로, 트리즈를 깊게 공부하고 싶은 분들은 분명히 다시 접하게 될 것이라 생각한다.

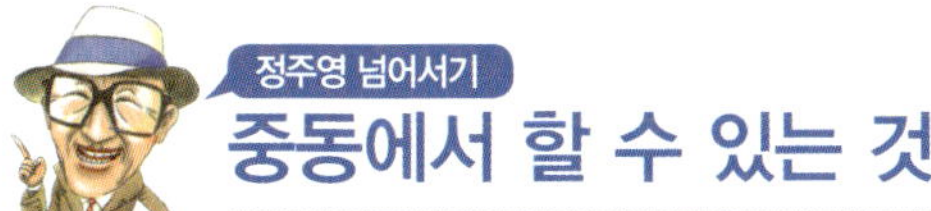

중동에서 할 수 있는 것

위의 사례를 보면 정주영 회장의 생각을 살펴볼 수 있다.

그렇다면 이제는 정주영 회장을 뛰어넘는 생각을 한번 해보자!

여기에는 다양한 방법이 있을 것이다.

먼저 우리가 필요한 것은 중동이 가지고 있는 경제력이지, 중동이라는 지역이 아니다. 그렇다면 생각을 다르게 할 수 있다.

▲ 중동의 외화 국내 유입

바로 위의 그림처럼 말이다. 그렇다면 중동이 소유한 많은 외화를 어떻게 우리나라로 유입시킬 것인가?

중동 자본을 이용한 국내 투자 유치 혹은 사회 간접 투자 등을 통해 우리나라로 외화를 유입하면 되는 것이다.

또 다른 방법을 생각해보자. 위에서 한 번 언급한 바 있지만, 우리가 변화시키거나 수정해야 하는 아래 그림의 ❸번을 생각해보자.

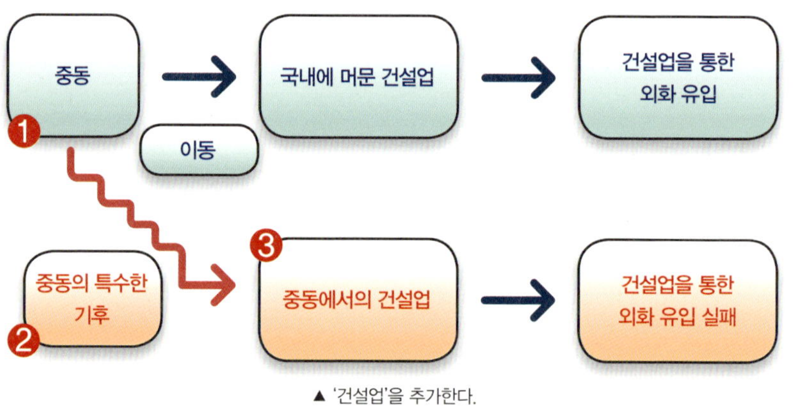

▲ '건설업'을 추가한다.

규모로 생각하면 건설업이 단연 최고다.

하지만 건설업을 하기에는 많은 위험을 감수해야 한다. 그렇다면 그 기회비용을 최소화하면서 외화 유입을 극대화할 수 있는 다른 방법을 생각해보는 것이다. 한 가지 예를 들면 건설업이 아닌, 의료, 교육 등과 같은 서비스업이나 우수 인재를 파견하는 등과 같은, 규모는 작지만 외화를 알차게 벌 수 있는 다른 방법을 생각해보는 것도 충분이 가능하리라 생각한다.

"모든 일의 성패는 그 일을 하는 사람의 사고와 자세에 달려있다."

– 고 아산 정주영 회장

스타비트 16만 개를
완성하라

　주베일 산업항공사는 수심 10미터의 바다를 길이 8km, 폭 2km로 매립하는 공사로, 호안 공사[8], 방파제 공사, 안벽 공사, 외항 유조선 정박 시설 공사로 이루어져 있다. 이 중 가장 어렵게 진행되었던 공사가 외상 유조선 정박 시설이었다. 반면, 상대적으로 가장 수월하게 생각했던 작업이 방파제 공사였다. 방파제 공사는 국내에서도 수차례 진행한 경험이 있기 때문이다. 방파제 공사는 국내외를 막론하고 대부분 호안^{Revetment}을 완성한 후 그 외벽에 스타비트 정확한 명칭은 '테트라포드(Tetrapod)'이나, 정주영회장의 자서전 『시련은 있어도 실패는 없다』에서 '스타비트'라는 명칭을 사용하였다. 라 불리는 뿔 모양의 콘크리트 블록을 경사지게 쌓아올리는 작업이다.

▲ 스타비트로 작업된 방파제

---

8 호안공사(護岸工事, revetment): 둑쌓기 공작물(둑)을 유수에 의한 침식과 침투로부터 보호하기 위하여 마련하는 구조물

　그런데 주베일 산업항의 방파제에 필요한 스타비트는 모두 16만 개였다. 공사에 필요한 스타비트의 숫자만 해도 엄청났다. 하루에 200개 정도가 생산 가능하기 때문에 800일은 족히 걸리는 작업이었다. 800일이면 26개월이 넘는 시간이다. 우리가 약속한 공사 기간이 36개월밖에 안 되기 때문에 자칫 한눈 팔다가는 가장 수월한 공사에 발목을 잡힐 수도 있었다. 현장 소장들을 불러 놓고 스타비트 제작 속도를 1일 200개에서 350개 이상으로 높이는 방안에 대해 논의했다.

정주영　　"스타비트를 제작하는 것만 해도 26개월이 걸리는데, 어떻게
　　　　　줄일 수 있는 방안은 없는 거야?"

전문가　　"스타비트는 크레인으로 작업해야 하기 때문에, 크레인 투입
　　　　　을 먼저 고려해야 합니다."

정주영　　"크레인이라니? 그까짓 거 만드는 데 크레인까지 써야 하는
　　　　　거야?"

전문가　　"주베일에 투입되는 스타비트는 10톤 규격입니다. 높이가 약
　　　　　2.6미터에 달합니다. 따라서 거푸집에 시멘트를 주입하기
　　　　　위해서는 크레인을 사용해야 합니다."

정주영　　"그럼, 스타비트를 하루에 200개를 만드는 데 크레인이 몇
　　　　　대나 필요한거야?

전문가　　"크레인 10대가 하루 10시간을 꼬박 작업해야 가능합니다."

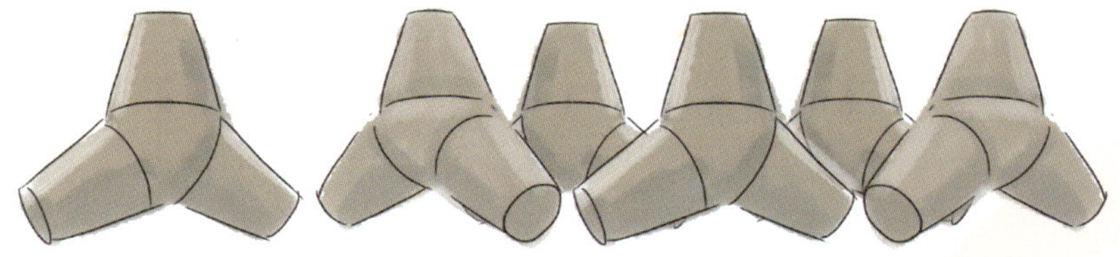

▲ 스타비트

　‘스타비트[테트라포드]’는 네 개의 발이 달린 콘크리트 구조물이다. ‘테트라포드’라는 말은 발이 네 개 달렸다는 의미로, 굳이 번역하자면 ‘4발이’ 정도로 해석될 수 있다. 스타비트라는 말은 별 모양으로 생겼다는 의미로 생각된다.

　스타비트의 제작은 거푸집을 조립하여 시멘트를 주입한 후 양생 과정을 거쳐 거푸집을 뜯어내면 완성되는 간단한 작업이다. 공정이 비교적 단순하기 때문에 쉬워 보이지만, 높이가 2.6미터나 되는 거푸집에 10톤 분량의 시멘트를 채우는 작업이다 보니 여러 가지 장비를 운용해야 한다.

　대형 바스켓에 시멘트를 담아 크레인으로 들어 올려 거푸집에 옮겨 담아야 하는 작업을 하루에도 200번씩 반복해야 한다. 하루에 왕복해야 하는 6루베[18톤] 용량의 콘크리트 믹서 트럭 약 111대 작업 기간을 800일로 추정해보면 총 8만 8,800대 분량이다.

▲ 스타비트 제작 과정

　하루 작업 시간을 10시간으로 잡는다면 1시간에 11대의 믹서 트럭을 운영하여 3분에 1개씩 스타비트를 만들어 내는 작업이니 작업 시간이 결코 느리다고만은 할 수 없다. 그럼에도 불구하고 800일의 작업 시간이 소요되는 작업이므로 어떻게든 시간을 더 단축해야 한다.

정주영	"크레인 장비 10대를 투입하는 것만 해도 엄청난데, 장비를 더 투입한다는 게 말이나 되는 거야?"
전문가	"하지만 크레인 없이는 작업할 수 없는 것이 현실입니다."
정주영	"좋은 방법 없어?"
전문가	"…."
정주영	"왜 말들이 없어! 정말 방법이 없는 거야? 배운 것들 많잖아! 어떻게 하는 거야?"
전문가	"원론적으로 말씀드린다면, 작업 시간을 줄이기 위해서는 작업 공정을 줄이는 방법을 생각해봐야 할 것 같습니다."
정주영	"작업 공정을 어떻게 줄일 수 있는 거야?"
전문가	"현재 스타비트 작업은 거푸집을 조립한 상태에서 바스켓에 시멘트를 담고, 크레인으로 들어올려 거푸집에 주입하는 네 단계 공정으로 진행됩니다. 사실 공정이라고 할 것도 없을 만큼 단순한 작업이라서 딱히 줄일 수 있는 공정이 없습니다."
정주영	"단순한 작업이라 해도, 가장 시간이 많이 소비되는 공정이 있을 것 아냐?"
전문가	"시간이 가장 많이 소비되는 공정은 거푸집을 조립하는 시간 그리고 시멘트 바스켓을 크레인으로 옮겨 담는 과정이 가장 많은 비중을 차지합니다."

정주영 "거푸집을 조립하는 거야 미리 해 놓으면 되는 것이고, 크레
인 작업을 좀 줄여봐!"

전문가 "말이 크레인 작업이지 단순히 바스켓에 담긴 시멘트를 옮겨
담는 작업에 불과합니다."

정주영 "그런데 시간이 많이 걸리는 이유가 뭐야?"

전문가 "최대한 열심히 작업해서 시간을 줄여보겠습니다. 회장님."

정주영 "이것 봐, 내가 자네들한테 게으름 핀다고 나무라는 게 아니
잖아! 문제점을 찾아 개선하자는 얘기를 하고 있는 거야!"

전문가 "죄송합니다. 연구해보겠습니다."

정주영 "그 죄송하단 얘기 좀 하지 말라고! 그나저나 크레인을 사용
하는 이유가 뭔가?"

전문가 "바스켓을 들어올려야 하기 때문입니다."

정주영 "바스켓은 왜 들어올려야 하는 거지?"

전문가 "스타비트 주입구에 시멘트를 넣기 위해서입니다."

정주영 "스타비트 주입구에 시멘트를 주입하는 데, 왜 바스켓을 들어
올리냐고."

전문가 "스타비트 주입구의 높이가 2.6미터가 되니까 그렇습니다."

정회장 "그렇다면, 스타비트 주입구에 시멘트를 곧 바로 주입할 수는
없는 거야?"

전문가 "그게, 현재로서는 불가능합니다. 레미콘에서 나오는 시멘트
토출구의 높이가 대략 1.5미터 정도 되는데, 곧 바로 주입하
려면 바스켓이 아니라 레미콘을 들어올려야 합니다. 그렇게
되면 지금보다 더 큰 용량의 크레인이 필요합니다."

정회장   "머릿속에 박혀 있는 크레인을 없앨 방법은 전혀 생각나지 않는 모양이구만!"

전문가   "예? 크레인을 없애라구요?"

정회장   "내가 하는 얘기 잘 들어봐! 지금 레미콘에서 시멘트가 나오는 위치가 어디야?"

전문가   "시멘트는 토출구에서 나오는 것 아닙니까?"

정회장   "토출구는 시멘트 유도레일 마지막을 얘기하는 거 아냐?"

전문가   "예. 맞습니다."

정회장   "유도레일 이전에는 어디서 나오는 거야?"

전문가   "유도레일 이전이라면, 레미콘 탱크 끝부분에 있는 스크류 부분을 말씀하시는 겁니까?"

정회장   "그래 거기야. 시멘트는 거기서 나오는 거지, 토출구에서 나오는 게 아니라구!"

전문가   "예! 맞습니다."

정회장   "지금은 1분 1초가 급한 상황이라구. 지금부터 레미콘에 붙어 있는 유도레일을 몽땅 떼어내 버리고, 크레인 작업 없이 거푸집에 곧바로 시멘트를 주입하도록 공정을 바꿔봐!"

전문가   "그렇기는 한데, 그럼 레미콘 트럭이 다 망가지는 것 아닙니까?"

정회장   "이런 답답한 친구를 봤나, 유도레일을 떼어내서 엿 바꿔 먹는 것도 아니고, 잘 보관해두었다가 작업이 모두 끝난 다음에 다시 조립하면 되잖아!"

전문가   "죄송합니다. 회장님 제 생각이 짧았습니다."

레미콘의 유도레일을 제거하여 스타비트 주입구에 시멘트를 곧바로 주입하자 작업 시간은 급격하게 줄어들기 시작했다. 하루 200개였던 생산량이 350개로 두 배 가까이 치솟았다.

더욱이 크레인 작업 공정이 없어진 덕분에 장비를 다른 현장으로 보낼 수 있었고, 작업 인력도 크게 감축하는 효과가 나타나 일석이조의 효과를 거둘 수 있었다.

물론, 위의 스토리는 가정 하에 써 내려간 것이다. 그러나 스토리의 내용보다는 문제를 보는 인식의 차이를 느끼는 것에 중점을 두자.

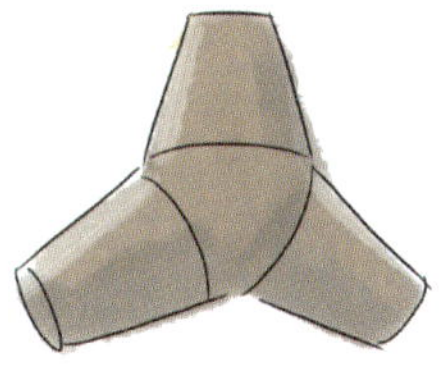

p.98 도식에서 ❶, ❷번을 변경 또는 제거한다면

누구나 결과가 나온 다음에는 '그 정도야 뭐~' 하는 반응을 한다. 별거 아닌 듯 여긴다는 뜻이다. 하지만 그 결과가 나오기 전에는 아무도 그런 생각을 하지 못한다.

정주영 회장의 사고를 이해하기 위해 다시 한 번 정리할 필요가 있을 것 같다. 빈대 철학을 이야기하던 장에서 수많은 사람들이 빈대와 함께 합숙소 바닥에서 빈대들에게 피를 빨리며 자고 있었다. 그들은 바로 세상에 문제가 없는 사람들이다. '빈대가 당연히 사람 피를 빠는 거지 뭐가 문제야?'라는 생각 말이다. 지금까지 사례들을 보면서 여러분도 느꼈을 것이라고 생각한다. 과거에서 지금까지 했던 행동들이나 관습들이 벌써 고정화되어 당연한 듯이 여겨진다. 이 책은 어떤 문제 해결 방법을 알려준다기보다는 그렇게 생각하는 원동력이 될 수 있는 의문을 갖는 힘을 갖게 하고 싶은 데서 시작되었다. 이를 항상 염두에 두고 세상을 살아간다면, 주변에 있는 작은 발명이나 시대를 앞서가는 대단한 발명도 가능하지 않을까?

자, 그럼 정주영 회장의 생각을 따라가고, 그것을 익히기 위해 반복적으로 그러한 생각을 따라 해보자. 간단하고 누구나 생각할 수 있을 것 같지만 정주영 회장만이 생각한 아이디어를 따라가보자.

정주영 회장을 다룬 여타의 책들에서 이 사례를 고정관념을 깨뜨리는 창의적인 발상 이야기를 다루고 있다. 하지만 우리는 조금 다른 시선에서 바라보려고 한다.

트리즈의 문제 해결 단계 중에서 IFR^{Ideal Final Result} [9]을 생각하는 단계가 있다.

즉, 가장 이상적인 문제 해결 방법은 무엇인지를 생각하는 것이다. 그것이 실현 가능하든, 가능하지 않든 그것은 중요하지 않다. 오로지 가장 이상적인 방법이 무엇이냐는 것이다. 현재의 과학 기술이 내가 생각하는 이상 선에 도달하지 못했기 때문에 문제를 해결하지 못할 뿐, '언제라도 그것은 가능하다'가 전제가 된다.

위의 사례에서 생각해보면 가장 좋은 문제 해결 방법은 어떤 방법으로든 레미콘 트럭에서 나오는 시멘트가 아무런 방해되는 것 없이 거푸집으로 들어가면 된다. 하지만 현실은 레미콘 트럭의 토출구 높이보다 거푸집의 높이가 더 높아서 그 높이를 맞추기 위해 크레인을 이용하고 있다. 지금까지 공사를 하면서 이렇게 해 왔기 때문에 별다른 생각 없이 행동하는 것이다.

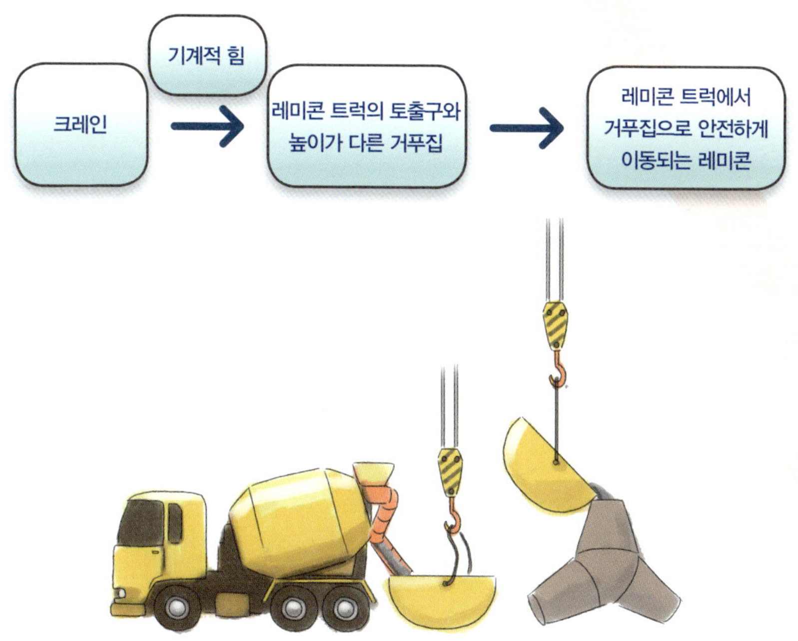

▲ 레미콘 트럭의 토출구와 거푸집 높이를 맞추기 위한 크레인

9 IFR(Ideal Final Result): 트리즈에서는 시스템(비용, 수단)이 없으면서도 원하는 바,즉 목적과 기능(function)을 달성한 상태를 상상하게 한다. 고전 트리즈에서는 이를 'IFR(Ideal Final Result · 이상적인 최종 해결책)'이란 생소한 용어로 표현한다. 원하는 '기능/시스템'의 형태로, 시스템 없이 원하는 기능을 달성하는 무한 가치의 개념이며 문제 해결의 최고 경지를 말한다. (출처: 한국경제, 2010. 7. 29일자, 이경원(한국산업기술대 교수))

위와 같은 최소 시스템으로 현재까지 작업을 하고 있었다.

서로 높이가 맞지 않기 때문에 그것을 해결하기 위한 중간 매개물로 크레인이라는 도구를 이용하게 된 것이다.

보통은 이렇게 문제를 풀게 되면, 문제가 해결되는 것처럼 느끼고, 아니면 거기서 만족해 버리게 된다. 그리고는 더 생각을 이어 나가지 않게 된다. 많은 시간을 똑같은 방식으로 일해 왔다면 그것이 정답이 된다. 하지만 크레인으로 발생하는 2차적인 문제가 발생하고, 그것을 해결하는 방법도 생각할 수 있다. 또 그 2차적인 문제가 3차적인 문제의 원인이 될 수도 있는 것이다. 어떤 일을 하기 시작할 때, 내가 가야할 길을 한 단계 먼저 생각하고 그것에 대한 해결책들도 만들어 놓을 수 있다면 어떨까? 생각만으로도 짜릿하지 않을까?

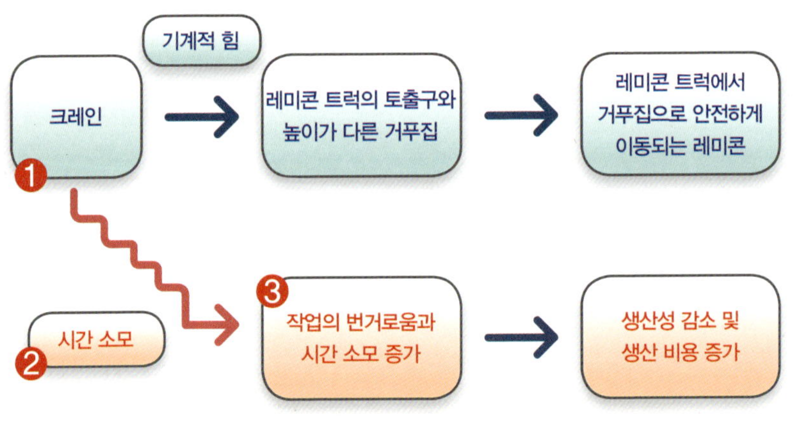

▲ 2차적인 문제: 작업 시간 증가

그 2차적인 문제가 바로 위의 그림에서 보듯이 작업 시간이 현저하게 증가하게 된다는 것이다. 지금까지 우리가 문제를 해결해 왔던 것처럼, 위의 그림에 표시된 ❶, ❷, ❸번을 변형하거나 제거하는 방법을 생각해보자. 그전에 앞서 잠시 언급했던 IFR^{Ideal Final Result}을 생각해보자. 가장 좋은 방법은 크레인이 없이도 우리가 원하는 결과, 즉 레미콘 트럭에서 거푸집으로 안전하게 레미콘이 이동하면 된다. 그렇게만 된다면 굳이 크레인을 이용하는 번거로움을 없앨 수 있게 되는 것이다. 어떻게 하면 그것이 가능하게 될 것인가? 정주영 회장이 현장 전문가에게 요구했던 사항이 바로 이것이다. '형태는 사라지거나 작아지지만, 그 기능은 유지하는 것', 이것이 바로 이상성인 것이다.

크레인을 없애기 위해서는 크레인 역할을 해줄 또 다른 무언가를 찾거나 거푸집과 레미콘 토출구가 스스로 그 역할을 할 수 있도록 만들어야 한다. 거푸집의 크기가 줄어들거나 모양이 바뀌어서는 안 되는 것이다. 그렇다면 결과적으로 레미콘 토출구[10]를 바꾸어야 한다. 아시다시피 레미콘 트럭의 높이는 엄청 높다. 높은 곳에서 시멘트가 밑으로 내려오게 만들어져 있다. 그리고 토출구는 그 시멘트를 원하는 방향까지 흐르도록 유도하는 역할을 한다.

쉬운 예를 들어보자. 수도꼭지에서 물을 틀면 물이 떨어지면서 옆으로 튀게 된다. 그래서 수도꼭지에 짧은 호스를 연결하여 바닥까지 물이 튀지 않고 내려 올 수 있게 하는 것이다. 레미콘 트럭에서 토출구의 역할은 호스와 같은 역할인 것이다. 즉, 낮은 곳에 시멘트를 내릴 때는 토출구가 반드시 있어야 한다. 하지만 높은 곳에 시멘트를 내릴 때 토출구가 꼭 있어야 한다고 생각하는 것은 우리의 고정관념인 것이다. 정주영 회장은 이러한 부분을 생각할 수 있는 힘이 있었기에 이 사례와 같은 상황에서 문제를 해결할 수 있었던 것이다. 물론 정주영 회장의 경우 실제 레미콘 트럭을 잘 알고, 각 부분별 기능을 잘 알고 있었다. 그렇기 때문에 우리들보다 좀 더 쉽게 레미콘 트럭의 토출구 부분을 제거함으로써 레미콘 트럭에서 레미콘이 나오는 위치를 변경시킬 수 있었다.

10 토출구(discharge port, 吐出口): 물, 약제, 공기 또는 액체를 포함한 공기 등을 뿜어내는 곳

▲ 레미콘 트럭의 토출구 부분 제거하기

　하지만 이 사례에서 가장 중요한 것은 어떠한 '플러스 알파$^{+\alpha}$' 작용이나 도구 없이 스스로 그 역할을 할 수 있도록 만들어 보는 것이다.

잠시 눈을 감고 방법 모색

　이번 사례를 읽은 독자들 중에서는 정주영 회장이 해결한 아이디어가 최고의 방법이라 또 다른 아이디어는 없을 것이라 생각하고 있는 분들도 있을 것이다. 하지만 분명 위의 아이디어 이외에도 수많은 아이디어가 나올 것이다. 위에서 이야기했던 것처럼 어떠한 방법을 이용하든 레미콘 트럭에서 나오는 레미콘이 안전하고 신속하게 거푸집 속으로 들어가면 된다는 것이다. 스타비트를 만드는 작업장의 높이를 달리 하는 것도 한 가지 방법이 되리라 생각한다. 그리고 16만 개의 스타비트를 만드는 것이라면 아래에 레일을 깔아 스타비트 거푸집은 이동하게 하고 레미콘은 계속 부을 수 있으면 더 낫지 않을까 하는 생각도 할 수 있다.

▲ 스타비트 거푸집은 이동하게 하고 레미콘 계속 붓기

여러 번 반복하여 이야기하는 것이지만 이 책을 읽고 있는 분들은 지금 이 순간 잠시 눈을 감고 어떤 방법이 있을지 한 번쯤 생각해보는 시간을 가졌으면 좋겠다. 그리고 어떠한 생각의 순서로 결과가 나오게 된 것인지도 스스로 생각해볼 수 있는 기회를 가질 수 있으면 더욱 좋을 것 같다.

내가 진정으로 원하는 것은 무엇인가?

"나는 내 이름을 걸고 일하는 한 내 권한을 양보도 안 하는 대신
다른 이에게 책임 전가도 안 한다."

– 고 아산 정주영 회장

트리즈맨 정주영 넘어서기

01 책 만들기

트리즈는 나에겐 생활이다.

트리즈를 처음에 공부할 때 나에겐 참 힘든 시간의 연속이었다.

가뜩이나 학벌도 없고, 더욱이 이공계 쪽은 근처에도 가본 적 없이 트리즈를 공부한다는 건 정말 힘든 일이었다. 그렇지만 세상의 모순을 풀 수 있고, 그것이 하나의 패턴으로 되어 있어 따라 하면 누구나 천재가 될 수 있다는 말에 무작정 덤벼들었던 것 같다.

그렇게 국제 트리즈 3레벨을 취득한 후, 한국 트리즈 3레벨을 취득하고, 강의를 다니다 보니 정말 서러운 일이 많이 생겼다. 왜? 현재 우리나라 관공서나 기관단체들은 학벌이 있거나 유명해야 강의료를 제대로 받을 수 있다. 거의 2배 이상의 차이가 나는 생활을 하다 보니 이건 아니다 싶어 많은 생각을 하게 되었다. 그래서 강의 담당자에게 찾아가 어떻게 하면 되느냐고 물었다. 그랬더니 박사 학위를 따라고 한다. 장난하나….

다른 방법은 없냐고 하니 책을 쓰란다. 그리곤 트리즈 분야에서 베스트가 되면 저자 직강으로 강의료가 올라간단다.

오케이, 바로 이거다.

베스트셀러 책을 쓰자.

트리즈 강의를 창업센터나 대학에서 하다 보면 사업 아이템을 찾지 못하고 있는 사람들이 많다.

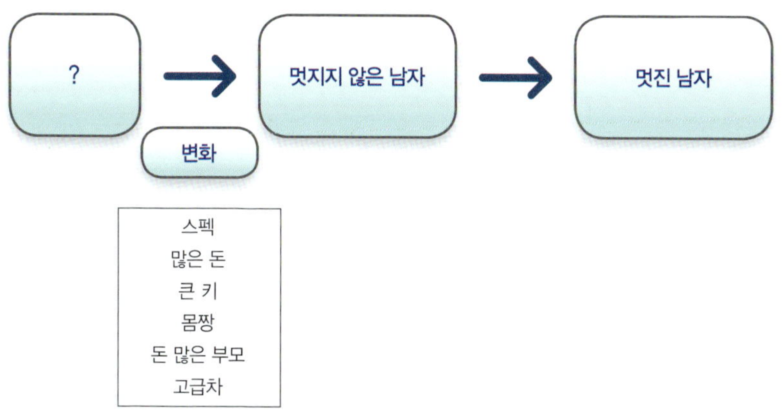

▲ 멋진 남자로 변하기 위한 구성 요소의 변화

가장 큰 이유는 문제를 너무 포괄적으로 보는 경향들이 있어서라고 생각한다. 예를 들어 일반적인 남자라면 자신이 멋진 남자로 보이기를 원한다.

하지만 현재 '멋지지 않은 남자'에서 '멋진 남자'로 변하기 위해서는 많은 구성 요소의 변화가 필요하다. 그중에 몇 가지를 뽑아보면 일단 돈 많은 부모, 큰 키, 스펙, 많은 돈, 몸짱, 고급 차, 그리고 머리가 비어 있으면 안 되니까 똑똑한 남자도 들어가겠다.

이 모든 것들을 문제로 보고 포괄적으로 생각하면 벌써 너무 커져 있어 엄두가 나지 않게 되는 것이고, 일찌감치 포기하는 수순을 밟게 된다.

그럼, 이 문제 중 하나를 뽑아보자. 물론 이 예는 극단적인 것이므로 참조만 하자. 위에 있는 것들 중 돈에 대한 것을 구체화시켜보자.

2 비용 구체화하기

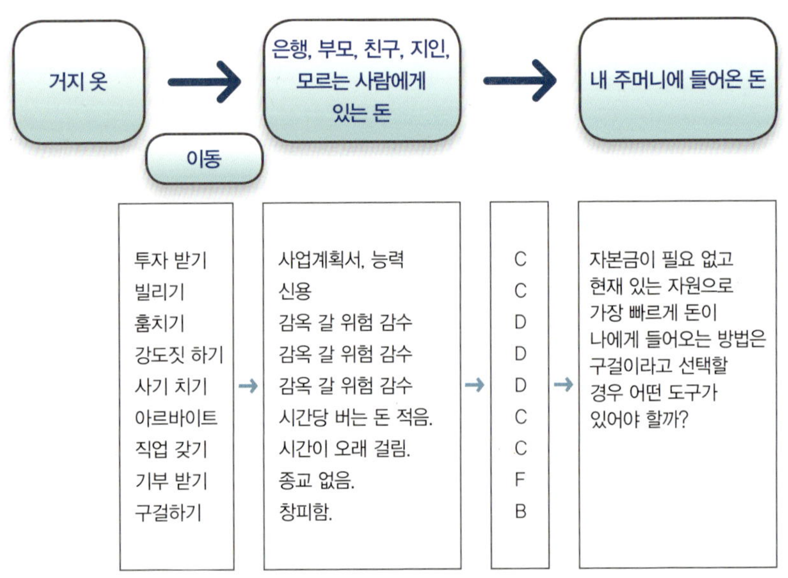

▲ 비용 세밀하게 나타내기

많은 돈이라는 것을 찾았을 때, 내가 원하는 궁극적인 모습은 그 돈이 내 주머니로 들어와 있을 때를 뜻한다. 그냥 많은 돈은 구체화되어 있는 것이 아니기 때문에 좀 더 세밀하게 들어갈 필요가 있다.

이때 내 주머니에 들어온 돈이거나, 내 통장에 찍힌 돈으로 원하는 결과를 찾았다면 현재 내 주머니에 오지 않은 돈을 어떻게 이동시킬까?

위의 이미지를 참조하면 투자를 받거나 빌리거나 훔치는 등의 여러 가지 방법이 있다. 그런데 지금 당장 돈이 필요하다면 할 수 있는 것은 빌리거나 강도짓이나 훔치는 방법과 아르바이트 또는 구걸하는 방법일 것이다.

다른 방법들은 실질적으로 시간이 많이 소요되거나 감옥에 갈 위험성이 있어 채택하기에 불합리한 것으로 여겨진다.

단, 정말 나에게 중요한 사람이 아프고, 지금 당장 돈이 필요하다면 위험

하더라도 강도짓을 할 수 있다고 생각한다. 물론 이러면 안 되지만 나에게 중요한 사람이 우선이 아닐까?

그럼, 가장 효과적인 방법은 창피함을 무릅쓰고 구걸하면 돈은 이동되어 내 주머니로 올 것이다. 그때 필요한 것이 뭘까? 거지처럼 보이는 옷과 깡통 정도일 것이다.

얼마 전 뉴스에 구걸해서 16억 원을 벌었고, 이혼하는 데 8억 원을 배분하라고 재산 분할 소송까지 하는 것을 봤다.

웃자고 하는 이야기지만, 사실 웃을 수 없는 것이 작금의 현실이다.

자, 그럼 나의 경우 강의비를 많이 받기 위해서는 어떤 방법을 사용해야 할까? 박사 학위, 관련 분야 베스트셀러 책 중 여러분이라면 어떤 쪽을 선택할까?

일단 박사 학위를 따려면 7년 넘게 학교에 다시 다녀야 하는데, 그것은 내가 처한 상황에서 불가능했다.

그럼, 여기서 선택할 수 있는 건 트리즈로 베스트셀러 책을 쓰는 것 뿐이었다.

여기서 나의 사업을 진행하기 위해서는 1등하는 책을 써야 한다는 결정을 내렸다.

그럼, 1등을 하기 위해서는 무엇을 해야 할까?

뭔가를 결정하면 정보를 다각도로 수집하고, 수집한 정보를 분석하는 단계가 있을 것이다.

이때 내가 사용할 수 있는 모든 자원을 이용해야 한다. 그것이 사람이 되었든, 기관이 되었든, 물건이 되었든 상관 없다. 일단 모든 것을 모아놓고 시작해야 한다.

1등 책을 쓰기 위해 해야 하는 것은 뭘까? 현재 1등 책을 분석하고, 다른 책들과 다른 것이 무엇인지 파악해야 한다. 그리고 그들과 차별화된 전략을 구상하고, 그 전략을 세밀화해 나가야 한다.

현재 나와 있는 트리즈와 관련된 책을 전부 펼쳐놓고 찾아보니 많은 것을 알 수 있었다. 일단 트리즈 책의 대부분이 대학 과정의 교재로 쓰이는 형태였고, 전부 흑백으로 되어 있었으며, 일단 재미가 없는 설명 위주의 책들이었다.

그럼, 난 어떻게 바꾸지?

이럴 때 쓰는 게 '역전법'이라는 발상 기법이다.

아래 이미지에 나온 것처럼 기본을 정리하고 무조건 뒤집고, 뒤집은 발상에 아이디어를 정리한다.

3 아이디어 발상 기법^{역전법}을 활용한 책 만들기

역전법

○ **과제 – 새로운 트리즈 책을 만들어라.**

트리즈 책 기본 정리	트리즈 책에 대한 기본 뒤집기	아이디어 발상 정리
1. 어렵다.	1. 쉽다.	1. 쉬운 트리즈 책을 만든다.
2. 흑백으로 되어 있다.	2. 컬러로 되어 있다.	2. 컬러를 넣어 책을 만든다.
3. 이미지가 거의 없다.	3. 이미지가 많다.	3. 많은 이미지를 포함한다.
4. 재미가 없다.	4. 재미가 있다.	4. 재미있는 사례를 이용한다.
5. 전공자만 볼 수 있다.	5. 누구나 볼 수 있다.	5. 버전을 다양하게 만들어 입문자와 전문가 버전을 만든다.

기본을 정리하는 부분에서 이것 말고도 많은 아이디어들이 나왔다. 특히 기억나는 부분이 책은 '제목이 있다', '제목이 없다'였다. 너무 흥미롭지 않은가?

그래서 실제로 제목을 없애려고 했다. 그래서 네이버에서 아무것도 안 쓰고 엔터를 치면 내 책이 나올 수 있게…. 얼마나 아름다운 발상인가? 그런데 네이버 측에 알아보니 생성하는 알고리즘 체계에 아무것도 안 쓰는 것을 인지하여 책을 보여주는 것은 불가능하단다. 만약, 이것이 되었으면 정말 아무런 제목이 없는 책이 나왔을 수도 있다.

또는 '제목이 없다'라는 제목을 쓸까도 고민도 했고, 그 경우 사람들에게 제목을 받아 2쇄 찍을 때 넣으려고도 해봤다.

이런 식의 발상을 셀 수 없을 정도로 많이 했다. 그리고는 글을 적어 나갔다.

❶ 쉬운 트리즈 책을 쓴다

이것을 위해 트리즈의 기본 개념인 이상성과 심리적 관성, 기술 시스템, 모순과 모순의 분리, 문제 일반화, 자원, 기능, 진화 법칙은 거론조차 안 하고, 기법 중에 아리즈^{ARIZ}와 표준해도 하지 않고, 제일 쉬운 40가지 발명 원리 부분만을 목표로 책을 써 나갔다.

여러 가지 이유가 있지만, 내가 보기에 일반인이라면 40가지 발명 원리만으로도 충분히 발명을 하고, 사업 아이디어를 찾을 수 있다는 확신이 있었다. 그리고 표준해나 아리즈는 개념을 이해하다가 사람들이 포기해 버릴 것 같은 느낌이 많이 들었던 것도 사실이다.

❷ 컬러를 넣어 책을 만든다

이 부분은 성안당 책임자를 만나는 자리에서 결정되었다. 트리즈 책이 지금까지 전부 흑백으로 되어 있는데, 그래서 무겁게 느껴진다고, 조금은 밝은 느낌으로 컬러로 가는 부분에 대해 이야기를 하니 흔쾌히 들어주셔서 예쁜 책이 나오게 되었다.

❸ 많은 이미지를 포함한다

이미지를 많이 넣어야 한다고 생각한 것은 내가 글을 읽는 것을 그다지 좋아하지 않아서이기도 하고 글보다는 이미지가 훨씬 머릿속에 오래 기억되기 때문이기도 하다. 마인드맵 이미지와 40가지 발명 원리의 이미지를 새로 만든 것도 이 때문이다.

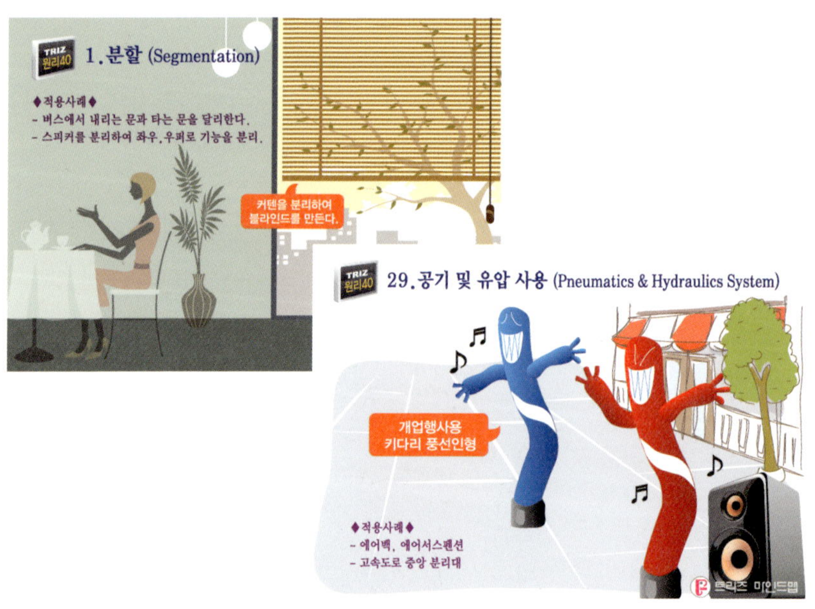

▲ 40가지 발명 원리 이미지

특히 40가지 발명 원리의 이미지는 노림수가 많은 아이템이다.

알트슐러가 그린 이미지가 너무 우화적이어서 알아보기 힘들기 때문이기도 하지만, 실제로는 포스터를 만들어 판매하기 위함이 더 큰 이유였다.

회사에 들어가면 안전사고 관리 같은 것을 액자로 포스터해 놓은 것을 볼 수 있는데, 이처럼 40가지의 포스터와 액자를 함께 판매하려고 했다. 40가지를 액자와 함께 10만 원 정도에 팔면 될 것 같아서 전문가에게 포스터를 의뢰하고 거금을 써서 제작했다. 그래서 이미지의 저작권은 내가 가지고 있다.

❹ 재미있는 사례를 이용한다

지금까지 나왔던 트리즈 책의 대부분은 대기업 삼성, 현대, 포스코, LG, SK-hynix, 학교에서 만들다 보니 취업에 관련된 사례들, 공장에 관련된 사항들이 많았다. 현대자동차는 차량에 대해, 포스코는 제철소에 대해 등…. 그러다보니 일반인들이 접할 수 있는 것들이 많지 않았다. 특히 트리즈가 대기업에선 오래 진행되었지만 일반적인 회사들이 접하게 된 것이 오래되지 않아서이기도 했다. 그래서 예시들을 따로 만들어 적어 넣었다.

분할이라는 예를 들 때도 커튼이나 수박을 분할하여 판다거나 하는 누구나 이해할 수 있는 것들을 이미지로 만들어 넣었다. 일단, 누구나 이해할 수 있고 따분하지 않게 쓰려고 했다. 물론, 『트리즈 마인드맵』이라는 책이 어렵다고 하는 사람들도 많다. 그래도 나름 노력했다는 것을 알아달라고 말하고 싶다.

❺ 버전을 다양하게 만들어 입문자와 전문가 버전을 만든다

이것을 진행하기 위해 표준해에 대한 책을 쓰기 시작했다. 그런데 왜 마무리를 안 했느냐고? 재미가 없었다. 표준해를 설명하기 위해 장을 이야기하는 부분에 들어가니 이것은 공학을 접하지 않고는 이야기하기가 너무 힘들다는 생각이 들기 시작했다. 난 누구나 트리즈를 접하는 세상을 만들고 싶다. 이 좋은 걸 몇몇 사람들만 안다는 게 너무 아까운 생각이 들기 때

문이다. 그래서 트리즈를 전문으로 하는 지인들과 한국트리즈협동조합을 만들었다. 트리즈뿐만 아니라 창의적인 사고의 저변 확대를 통해 누구나 가르치고 배울 수 있게 만들 생각이다. 전문가 영역은 전문가에게 방과후 학습과 같이 초·중고생들도 쉽고 재미있게 할 수 있는 것을 만들어 갈 것이다. 그리고 차후에는 트리즈 학교를 만들어 누구나 자유로운 사고를 할 수 있는 시설을 제공하고 싶다.

책을 만들고 나서

우여곡절 끝에 이렇게 책이 만들어졌다. 아이디어 발상법 중의 하나인 역전법을 효과적으로 써서 나온 책이다. 물론 트리즈 40가지 발명 원리 중에 "13번 거꾸로 하기"라고 말하기도 한다. 그런데, 그게 뭐 그리 중요한가? 그냥 이렇게 쓰게 됐다.

중요한 것은 이 책이 나오고 불과 3개월만에 트리즈 분야의 베스트셀러가 됐다는 것이다. 바로 이 책이다.

어떤 사람들은 이야기를 한다. 책이 예쁘고, 안에 그림도 많고 쉽다고. 그런데 결론적으로 '똥'이라고 말하는 사람도 있다. 하지만 내가 가장 원하는 결과는 트리즈 분야에서 1등이 되는 것이었다. 난 그것을 달성했다. 문제를 해결함에 있어 가장 중요한 것은 정말 내가 원하는 것이 무엇이냐다.

▲ 역전법을 사용한 『트리즈 마인드맵』

이 책으로 내가 가지고 있는 지식을 이야기하고 싶지만은 않았다. 일단 내가 하고 싶은 건 강의료가 올라 있는 나인 것이지, 트리즈 학계에서 인정해주는 나는 아니었다.

뭐 결과적으로 2개 다 인정받고 있지만, 책을 처음 만들 때는 그랬다.

1 이색 명함 만들기

책을 만들고 나서 많은 것이 바뀌었다. 강의료도 올라가고, 심지어 작가라고 불러주는 사람도 있다. 세상이 정말 신기하게 바뀌었다.

그런데 트리즈를 하는 사람들의 대부분이 박사 아니면 대기업의 연구원 출신들이 많다 보니 접근하기가 쉽지 않았다. 뭔가 다른 게 필요했다. 그래서 내가 지금 할 수 있는 가장 간단한 방법이 뭘까를 고민하기 시작했다.

인터넷으로 홍보 방법에 관해 검색하던 중 잘라지는 이혼 전문 변호사 명함이나, 머리핀으로 머리카락을 대신한 미용사의 명함을 보게 됐다.

'아! 명함을 바꾸는 것은 돈도 별로 안 든다. 한번 바꿔보자.'라는 생각을 하게 됐다.

내가 정주영 회장이라면 명함을 어떻게 만들까?

내가 가장 원하는 명함은 어떤 것인가?

이때도 역전 발상법도 해보고, 트리즈 40가지 발명 원리도 사용해보고, 참 많은 것을 했다. 그러다 강제 연결법을 진행하는 중간에 아이디어가 나와 만들게 되었다. 강제 연결법은 징검다리가 되는 명사를 두고 내가 원하는 것을 강제로 연결하는 방식이다.

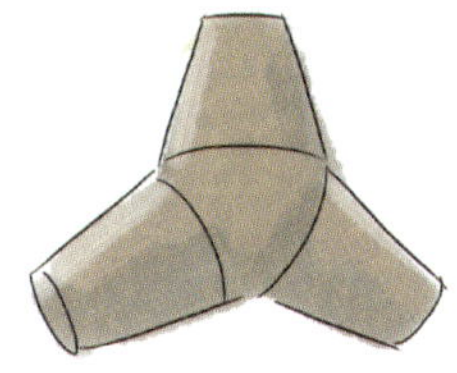

● 과제 – 새로운 명함 만들기 [명사]

징검다리: 유리

발상	아이디어
1. 투명하다.	1. 명함을 투명하게 만든다. 명함이 깨끗함을 느낄 수 있게 디자인한다. 아무 것도 안 써 있는 명함? → 어떨까?
2. 단단하다.	2. 찢어지지 않도록 만든다.
3. 잘 깨진다.	3. 명함이 분리가 되도록 만든다.
4. 크기가 다양하다.	4. 다용도로 사용할 수 있게 만든다. (돋보기, 거울, 자 등)
5. 포개어 사용한다.	5. 겹쳐서 뭔가를 할 수 있게 만든다. (명함으로 만드는 예술 작품)
6. 예술 작품도 있다.	

오른쪽 책 이미지를 보면 바로 이해가 될 것이다.

개인적으로 책에 글보다 이미지가 많아야 된다고 생각하는 이유 중의 하나가 바로 이것이다.

슬라이드 내용을 표로 압축하지 않고 글로 쓰면 10페이지, 20페이지로 늘여 쓸 수 있다. 그러나 그것이 잘 전달될까? 아니라고 본다. 누구나 직관적으로 쉽게 이해할 수 있는 방법이 좋은 방법이라고 생각한다.

이렇게 '유리'라는 징검다리의 특성들을 나열하고, 그것과 연결되는 과제를 완성한다.

❶ 투명한 명함

❷ 단단한 명함

❸ 깨지는 명함

❹ 크기가 변하는 명함

❺ 포개지는 명함

❻ 예술 작품으로서의 가치를 갖는 명함

그리고 다용도로 쓸 수 있었으면 좋겠다고 생각되는 이미지를 포함하여 만든 명함이 바로 오른쪽 페이지 상단에 있는 지금 내가 쓰고 있는 명함이다.

이미지를 보면 알겠지만, 가운데 전구 모양을 분리시켜 책갈피로 쓸 수 있게 다용도로 만들고, 투명한 플라스틱 재질을 사용하여 찢어지지 않도록 만들었다. 이 명함 하나로 많은 사람들에게 강의 의뢰를 받은 기억이 있다.

왜? 받자마자. "역시 트리즈를 하는 분은 다르네요."라는 말이 따라오기도 했고, 책을 선물할 때도 항상 명함을 책갈피처럼 줄 수 있었다. 홍보를 할 때도 홍보지에 항상 명함을 넣어 보냈다.

물론, 아주 작지만 이런 것들이 다른 생각이고 창의적인 생각이라고 생각한다.

2 교보재 만들기

정주영 회장의 예를 들다가 작은 이야기들만 하니 뭔가 작아지는 느낌이지만 이 책에서는 작은 이야기, 그리고 누구나 할 수 있는 이야기를 하고 싶다. 지금까지 내가 해 온 사업 중에는 덩어리가 큰 것들도 있고, 지금 하는 사업도 작은 사업이라고 말하기는 싫다. 단지 정주영 회장 만큼은 아닌 것 같다.

다시 이야기를 돌려보면 나는 트리즈 교육을 꽤 오랜 시간 동안 받았다.

그중에 아이디어를 발상할 때는 전지를 나눠주고 거기에다 여러 가지 아이디어를 쓰거나 그리는 작업들을 해 왔다.

그런데 작업을 하다 보니 배운 내용을 바로 하는 것인지 알 수 없어 항상 마스터들에게 다시 묻곤 했던 기억이 있다. 어차피 할 것이라면 기능을 하나 더 추가하면 좋지 않을까? 묻지 않도록 만들면 되지 않을까? 내가 가장 원하는 것은 묻지 않고 자체적으로 수업이 가능했으면 좋겠다는 것이다.

보통 수업을 16시간씩 하는데, 그중에 8시간 정도 실습을 진행한다. 그런데 실습 시간에 그런 비중 없는 이야기에 대답을 해주기보다는 구체적인 방법을 알려주고 싶은 욕심이 많다. 그래야만 수업에 대한 참여도나 이해도가 높아지기 때문에 일단 방법을 구상해보기로 했다.

트리즈를 하다 보면 다른 분야의 기술을 가져와서 내가 쓸 수 있게 만드는 단계가 조금은 높은 수준이라고 생각한다. 예를 들어 보면 반도체에서 절단할 때 발생하는 기포가 문제가 되었을 때 와인 회사를 찾아가 기포를 만들거나 없애는 기술을 배워 문제를 해결하는 것들이다.

보통은 모순을 만들어 패턴화시키는 방법을 이야기하지만, 우린 조금 쉽게 이야기해 보자.

3 패턴화하기

내가 원하는 건, 전지에 써야 할 내용들을 한 번만에 인지하는 것이다. 이것과 같은 패턴을 가지고 있는 사업에는 현재 어떤 것들이 있지? 의외로 쉽게 답을 찾은 건 이때 마침 내가 명화 따라 그리기를 하고 있어서였던지도 모른다.

유화 그림판에 번호가 써져 있고, 물감에 번호가 써져 있어서 그냥, 그 번호를 따라 그리면 된다.

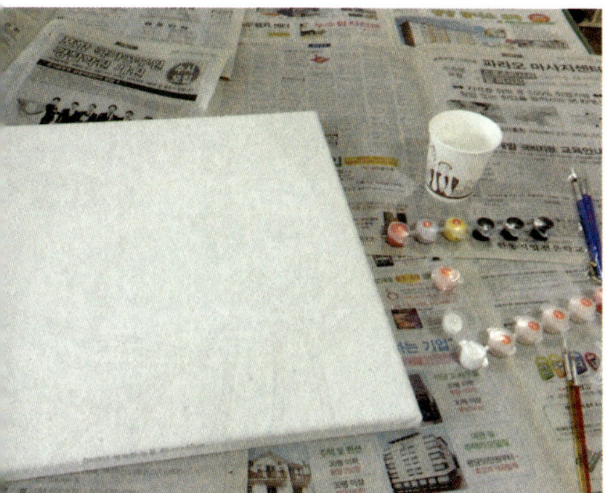

▲ 명화 따라 그리기

이렇게 보고 나니 트리즈 40가지 발명 원리 중에 사전 조치라는 것이 생각났다.

이 사업을 보고 할 수 있는 사업 아이템들도 많이 생겼던 것 같다. 그렇지만, 내가 원하는 건 교보재를 만드는 것이므로 전지에 사전 조치를 하는 방식으로 결론을 내렸고, 디자인을 부탁해 바로 1,000부씩 제작했다.

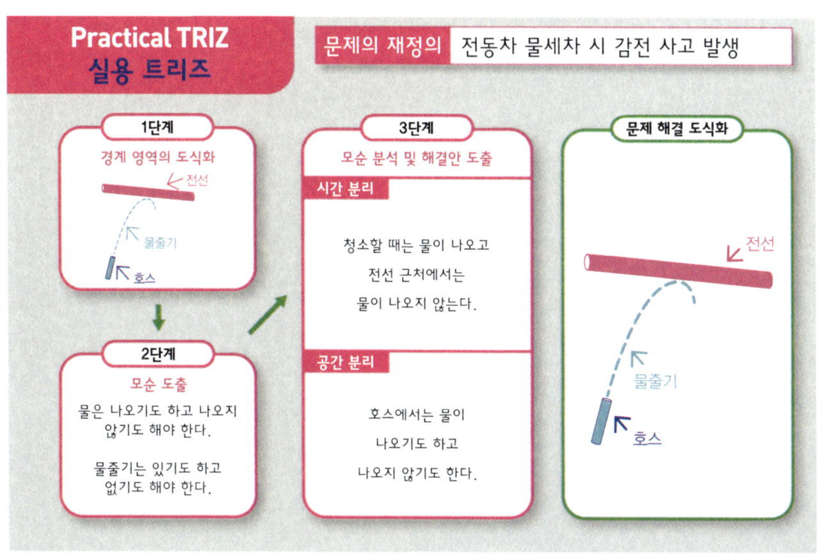

역전 발상법, 강제 연결법, 실용 트리즈, 최소 시스템 등 여섯 가지를 만들어 지금도 강의에 쓰고 있다. 이것을 쓰고 좋아진 것은 수강자들의 이해가 빠르고, 질문도 많이 줄고, 또 더 좋은 아이디어들이 쏟아진다는 것이다.

강의하면서 정말 많이 느끼는 건 내가 아는 것을 가르칠 필요가 없다는 것이다. 즉 수강자들이 필요한 것을 알려주자는 것이다. 그러면서 난 부수입이 생기니 이것이 더욱 좋은 점 아닐까? 이런 식의 아이디어는 내가 문제라고 느끼는 것만 찾으면 얼마든지 생각해낼 수 있다고 생각한다.

03 영상 사업과 크라우드펀딩 사이트

1 영상 사업하기

사람들이 넌 왜 이렇게 이것저것 많이 하려고 하느냐고 한다. 지금도 클라우드펀딩 사이트를 운영하기 위해 제주도까지 내려와 있고, 그 전엔 트리즈 컨설팅을 하고, 그 전엔 마인드맵을 하고, 또 그 전엔 영상 사업을 하고, 또 그 전엔 부동산 경매를 진행했다. 그런데, '왜?'라고 물으면 할 말이 없다.

그냥 같은 일을 계속하고 안정되어 있으면 재미가 없는 걸 어쩌란 말인가? 그리고 새로운 것이 계속 보이는데 어쩌란 말인가? 그리고 삶 자체가 심심하면 인생이 아니라고 생각하는데 어쩌란 말인가?

단, 하는 사업이 모두 성공하는가? 그건 아니다. 그냥 재미있고, 흥미롭고 가슴 뛰니까 하는 것이다.

트리즈를 하면서 내가 정말 좋아해서 진행했던 사업이 영상 사업이었다. 난 이 사업을 통해 '세상의 홍보 마케팅이 완전히 변화하지 않을까?'라는 생각을 했다.

물론, 그렇지 않았기 때문에 이렇게 웃으면서 이 이야기를 쓰는 것일 수 있다.

2010년 초반에 난 중국에 왕래하는 일이 많았다. 그런데 그때 정말 놀랐던 것은 중국 친구들이 아이폰을 쓰고 있었는데, 명함에 이상한 모양의 바코드가 찍혀 있었다. 그것이 요즘 일반화된 QR코드라는 알게 됐다.

우리나라엔 스마트폰이 없어서 그것이 무엇을 하는 것인지 몰랐는데, 중국 친구가 명함을 스마트폰으로 찍어 보여주는데, 거기에 그 친구의 모든 신상이 올라오고 그 친구가 하는 모든 일이 올라오는 것이었다.

▲ QR 코드와 이를 활용한 명함

지금도 그때의 충격은 말로 표현하기 힘들 정도였던 것 같다.

이것을 홍보하는 사업과 연계하여 일을 한번 진행해보자는 생각이 머릿속을 채워나갔고, 관련 자료들을 찾아 무척 많은 시간을 보냈던 것 같다.

이때 정말 중요했던 것이 난 정말 트리즈를 열심히 공부하고 있었다는 것이다. 기술 진화와 시스템에 관한 것들을 하나씩 알아갈 때였고, 9window를 통한 상위 시스템의 변화에 따른 현재 시스템이 어떻게 변해야 하는지, 그리고 미래의 사업은 어떻게 변해야 하는지를 알아가고 있는 상태였다. 이후에는 이 사업이 어떻게 바뀔 것인지를 알아보는 방식으로 바뀌게 되었다.

지금도 새로운 사업을 구상할 때면 9window에 상위 시스템은 어떻게 바뀔 것인지, 그리고 바뀐 후에 얼마나 영위할 수 있을지, 과연 다음 미래 시스템은 어떤 식으로 변해갈지를 항상 생각한다.

트리즈 기존 자원 활용 원리 – 9windows 멀티 스크린 분석 기법

갑자기 9windows라는 이야기를 해서 모르는 분들을 위해 잠시 설명을 해야 할 것 같다.

간단하게 우리나라의 자동차 사업에 대한 내용을 보면 조금은 쉽게 알 수 있을 것 같아 강의안 중 한 부분을 이야기해보려 한다.

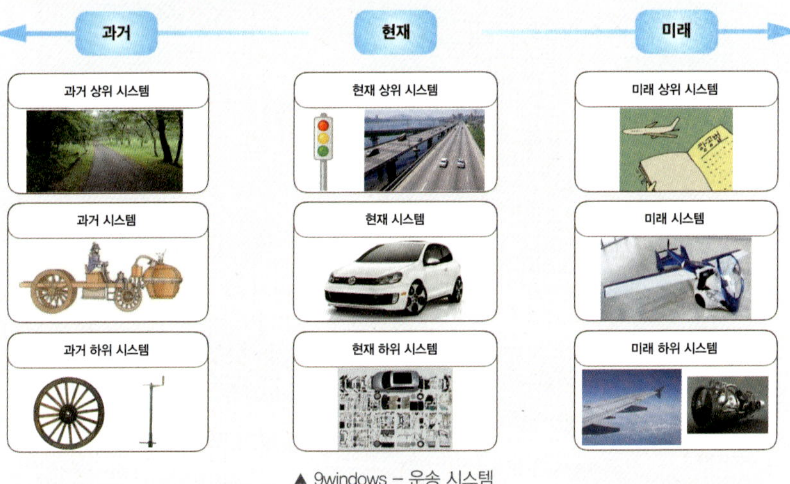

▲ 9windows – 운송 시스템

위의 이미지처럼 과거와 현재 미래를 분석적으로 세세하게 이해하기보다는 전체적인 맥락을 보고 시간과 환경에 따른 변화를 확인하여 앞으로 어떠한 시스템이 나올지를 예상하고, 미래 사업에 대한 결정을 하는 형태다.

자동차의 기능은 수없이 많다. 그러나 가장 중요한 기능은 사람을 이동시키는 것이라고 생각하는 것이 가장 합당하다고 생각한다.

과거에 자동차와 동일한 기능을 했던 것들 중엔 마차도 있을 수 있고, 수레나 가마도 있을 수 있다. 현재 시스템의 자동차를 대량으로 생산하게 하기 위해선 과거의 오솔길의 형태로는 힘들었을 것이라는 것도 알 수 있다. 고 정주영 회장이 현대자동차를 설립하고 자동차를 생산한 이유는 바로 이런 시스템을 알고 있었기 때문이라고 생각한다.

막무가내로 자동차를 만드는 것이 아니라, 고 박정희 전 대통령과의 인연으로 경부고속도로를 만들어야 하는 입장이라면, 다른 나라의 도로에 대해 많은 공부를 하고 앞으로 어떤 미래가 펼쳐질지를 알 수 있었을 것이다.

고속도로를 만들어야 하는 정주영 회장은 앞 이미지의 상위 시스템인 고속도로뿐만 아니라 도심의 모든 도로들을 생각할 수 었었고, 그렇게 해서 자동차 사업이 될 수밖에 없다고 생각하고 직접 만드는 당시엔 상상도 할 수 없는 도전을 했다고 생각한다.

그때의 판단으로 1967년에 설립된 현대자동차는 50년이 넘는 시간 동안 우리나라의 큰 기둥이 되어 왔다.

미래의 자동차 기술

그럼, 미래는 어떻게 될까?

자동차의 미래는 많은 사람들이 연구하고, 또 기술들이 발전해 오고 있다.

그렇다면 앞으로 몇 년 안에 변화는 어떻게 되고, 우리나라의 자동차 산업은 어떻게 될까?

미래의 자동차를 예상하면 나는 자동차, 수륙양용 자동차, 수소차,

태양열 차, 전기차 등 너무나 많다.

2016년 5월 6일 현재 텔레비전에는 테슬라의 전기차나 자율주행차 이야기가 나오고, 현대자동차는 2년 이후에나 따라간다는 이야기가 나오고 있는 상황에서 과연 무엇을 준비해야 할까?

▲ 9windows – 자동차 시스템

위의 이미지에서 미래 시스템이 전기자동차로 간다고 하면 가장 중요한 문제는 뭘까? 어떤 상위 시스템이 바뀌어야 미래 시스템에 전기자동차가 나올 수 있을까? 당연히 전기 자동차를 충전할 수 있는 충전소가 있어야 한다.

내가 사는 제주에는 전기 자동차를 충전할 수 있는 충전소가 너무 적다.

이 책을 읽는 사람들 중에는 내가 전기 자동차를 만들고, 충전소를 할 수도 없는데, 이런 것을 배워서 뭐하냐고 생각하는 사람들이 있을 수 있다.

내가 분명히 말했다. 트리즈를 하는 것은 돈을 벌 수 있을 것 같아서라고…. 이 부분에서 우리는 분명히 알아야 한다.

내가 지금 자동차 엔진을 만드는 공장을 다닌다거나, 사이드미러를 만드는 사업을 한다거나 하는 사람들이라면 뭘 해야 할지 알 수 있다는 것이다.

흔히들 이렇게 이야기하는 경우를 볼 수 있다.

"난 정말 열심히 살아왔는데, 내가 왜 이렇게 힘든 삶을 살고 있는지 모르겠다."

난 생각한다. 세상을 가장 열심히 사는 사람들은 지금도 밖에서 박스를 줍고, 빈병을 줍는 사람들이라고, 나이가 들어도 먹고 살기 위해 정말 열심히 산다.

남들에게 사기를 치지도 않고, 나쁜 짓이라고 생각되는 것을 해보지도 않은 사람들 말이다.

그런데, 이런 분들에게 물어보면 거의 대부분이 회사를 다니다 회사가 없어지거나 사업을 시작했는데, 운이 없었다고 이야기한다. 앞으로도 똑같은 사람들이 나올 것이다. 오늘 자 신문에 현대중공업에서 명예퇴직 이야기가 흘러나오고 있고, 올해만 2만 명의 사람들이 실직할 우려가 있다는 기사가 실렸다.

삼성은 다를까? LG는? SK는?

아직도 대기업에 들어가면 자신의 삶은 '탄탄대로'라고 생각하는 학생들이 많다. 쓰다 보니 이야기가 옆길로 샜다. 그러나 현실이다.

전기 자동차가 보편화되면 엔진은 없어진다. 배터리는 충전하고, 엔진룸은 없어지거나, 여유 공간이 된다. 사이드미러도 없어질 것이다.

내가 엔진 공장에 다닌다면 자동차가 모터로 돌게 될 것이므로 모터를 만드는 공정으로 바꾸거나, 사이드미러가 없어지면 카메라가 비춰주고 화면은 차내에서 보게 될테니 백미러를 만드는 회사로 바꾸거나 타 업종을 준비해야 한다.

아마도 전기 자동차는 일본이 우리나라보다 훨씬 빨리 도입될 것으로 본다.

왜냐고? 현재 일본은 설치된 전기 자동차 완속 충전기가 1만 6,000기, 급속 충전기가 6,000기의 규모다. 우리는 일본의 20분의 1 정도로 비교조차 되지 않는다.

상위 시스템이 갖춰졌으니 훨씬 더 빨리 늘게 될 것이다.

배터리 충전이 70분이 걸린다는 것 때문에 전기 자동차는 힘들 것이라고 이야기하던 사람들에게 테슬러의 엘론 머스크가 시원하게 한방 날린다. 배터리 교체 시스템으로 기름 넣는 시간보다 빠른 교체를 할 수 있게 한단다. 시스템적으로 사고한다는 것은 바로 이런 것이다.

그런데 다음과 같은 것도 고려해봐야 한다.

미래 상위 시스템이 하늘을 나는 차를 예상하고 이를 확산시키기 위해 항공법까지 바꾸는 것을 보고 하늘을 나는 차를 만들고 엔진도 비행기에 쓸 수 있게 바꾸고 날개도 만들었다. 많은 투자가 있을 것이라 예상했는데, 경쟁사에서 말도 안 되게 뛰어난 제품을 선보였다면?

자율주행차 기술을 드론에 포함시킨 유인 드론

　미래의 상위 시스템에는 기술 환경도 포함된다. 자율주행자동차에 대한 기술을 드론에 포함시켜 움직이게 만드는 형태다.

▲ 유인 드론

　문제는 여기서 발생한다. 내가 큰 투자를 한 부분에서 한 단계 앞선 기술로 사업이 진행되면 엄청난 손실로 헤어나오지 못하게 되는 것이다. 날기 위해서는 라이선스도 필요하고, 추진력을 얻기 위해서는 공간도 필요하다. 나는 차에 비해 유인 드론은 그냥 앉아서 터치를 하면 알아서 보내준다고 한다. 쉽게 말하면 엄마가 아이만 태우고 학교 버튼을 누르면 학교에 가고, 학교에 도착한 아이가 집을 누르면 집으로 온다. 그것도 날아서 말이다. 미래를 예상하기란 쉬운 일이 아니다. 그러나 불가능하지는 않다고 생각한다. 이러한 시스템적 사고는 이렇게 큰 사업에만 적용되는 것이 아니라 아주 작은 사업에도 적용된다.

2 스마트 명함 상표 등록

그럼, 다시 영상 사업으로 돌아와보자.

명함에 QR코드를 집어넣고 사업을 하면 대박이 날 것이라 생각하고, 창업을 하면서 생각했다. QR코드 명함의 다음은 뭘까? 미래 시스템은 무엇이고 어떤 환경이 미래 상위 시스템으로 작용할까? 그럼, 난 어떤 사업을 준비해야 하지? 이런 생각들을 하고 그것을 9windows로 만들어봤다.

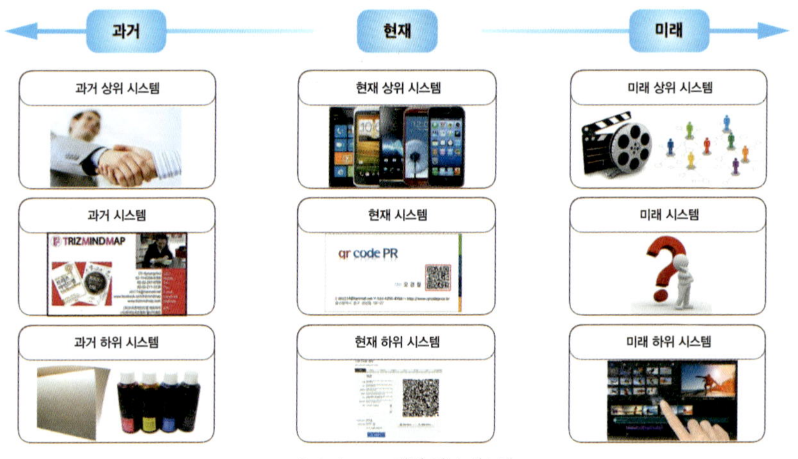

▲ 9windows – 개인 정보 시스템

명함에 QR코드를 넣는 것은 현재 내가 할 수 있는 상태였다. 어려운 일도 아니었고, 스마트폰만 있으면 얼마든지 할 수 있었다.

앞에서 말한 대로 스마트폰만 있으면 누구나 할 수 있다. 그럼 경쟁자가 많아질 테고…. 이 사업은 레드오션으로 바뀌어갈 것이다. 미래 시스템을 아이템으로 잡아 움직이자.

자동차의 미래 상위 시스템이 전기 자동차 충전소나 항공법 개정 등이라면 QR코드의 미래는 뭐지? 그리고 불편한 것은, 내가 원하는 것은 도대체 뭐지?

QR코드를 써본 분들은 아시겠지만, QR코드를 보고 스마트폰에 앱을 열고

코드를 맞추어야 하고, 올라오는 건 종이명함에 들어가지 않는 내용들을 많이 보여주는 정도다. 물론 이것도 좋지만, 난 다음을 보고 싶었다.

고 정주영 회장이라면 미래가 어떻게 변하게 될 것으로 예상했을까? 이런 생각으로 준비를 해 나가면서 인터넷에서 많은 자료들을 검색하고, 책들을 찾아보게 됐다.

미래 사회에 가장 중요한 변화는 스마트폰의 등장으로 영상 산업이 뜨게 되고, 그 덕분에 영상을 촬영하고 편집하는 사업이 뜨게 된다는 것을 알게 됐다.

아이템으로 정보를 전달하기 위해 영상이 들어가는 형태의 명함을 만들면 명함도 팔고 그 안에 들어갈 영상도 촬영 편집하여 사업을 할 수 있을 것이라는 생각을 하게 됐다.

만약, 자동차 영업 사원의 명함에 있는 QR코드를 찍었는데, 영업사원이 나와 자신이 파는 차를 알리고, 세부적인 내용을 설명해준다면? 혹은 영화를 홍보해주는 QR코드가 있다면? 등의 수많은 생각을 하고 있을 무렵, 외국 사이트에서 에펠탑을 앱으로 비추면 공룡이 나타나 게임을 하는 내용의 영상을 보게 됐다.

나의 최종적인 사업 모델은 QR코드가 아니라 영화를 찍었을 때 영화광고가 뜨는 것이었는데, 그 사업을 진행하는 회사가 미국에서 사업을 막 진행하고 있었다. 서툰 영어로 사업을 함께 하고 싶다고 연락했지만, 달랑 세 명이 하는 회사와 업무 협약을 할 수 없다는 내용의 답변을 받았다. 아직도 그 답변 내용을 메일로 보관 중이다.

물론, 증강현실에 대한 사업을 진심으로 하고 싶었지만, 내 능력이 미치지 않는다는 판단하에 내가 할 수 있는 사업의 영역으로 다시 돌아왔고, 나는 QR코드 명함에 영상을 넣어 판매하는 사업을 하기로 결정했다.

2010년도에 스마트명함으로 상표를 등록하고 사업을 진행했다.

미래 시스템으로 영상이 들어간 명함을 만들어 팔기 위해 내가 해야 하는 것은 미래시스템을 만들어 가는 하부 시스템을 조성하는 것이었다.

영상 명함을 만들기 위해 필요한 것은 영상 촬영 기술과 편집 그리고 장비들이었지만, 어느 것 하나 나에게 있는 것이 없었고, 그것을 만드는 것이 우선이었다.

편집하는 친구를 울산에서 만나고, 촬영을 배우기 위해 서울에 올라가 촬영 감독 클럽이라는 곳에서 주최하는 캠프에 참가하고, 유명한 촬영감독을 만나 영화제에도 참석하고 홍보 영상도 함께 찍으면서 배워 나갔다.

이 사업을 시작할 때 앞으로 될 수밖에 없는 사업이라는 것을 알았고, 재미도 있었다.

직접 영상을 만들고 명함에 QR코드를 넣어보고, 꽤 많은 영상도 찍어보고, 울산시의 자전거 홍보 영상도 찍고, 참 다양한 사업을 진행할 수 있었다. 그런데 함께 편집하며 일하던 친구가 의견의 대립으로 인해 나가게 되면서 이 사업을 접게 됐다. 이번 사례의 경우 나의 단순한 아이템이 아닌 사업 전체를 보는 눈을 알려주기 위해 쓰게 됐다. 그렇다면 내 이야기를 쓰는 편이 독자들이 이해하기가 쉬웠을 것이라 믿는다.

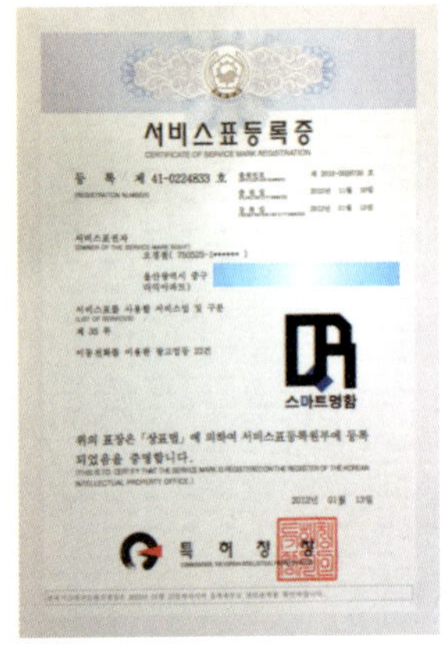

◀ 스마트명함 서비스표 등록증

▲ 영상 명함

내가 좋아하는 강연자 분 중에 '시골의사' 박경철 원장이 있다. 물론, 그분이야 날 모르겠지만, 난 그분의 강의를 얼마나 많이 들었는지 모른다. 특히, 아주대 강의 중에 W^{더블유}를 찾는 내용의 강의는 외우고 있을 정도다.

제레미 리프킨의 저서 『노동의 종말』^{End of Work}에는 다음과 같은 말이 나온다.

"우리 사회는 0.1%의 창의적 인간이 다른 사람은 보지 못하는 것을 보고, 생각하지 못하는 것을 생각하고, 꿈꾸지 못하는 것을 꿈꾸고, 그곳에 여기가 새로운 세상이라고 어두운 곳에 깃발을 꽂으면, 0.9%의 통찰력과 직관을 갖춘 안목 있는 인간은 그것을 알아보고 뛰어들어 한 배를 타고 등을 밀고 손을 당기면서 이뤄낸 1%의 역사다. 그리고 99%의 잉여 인간들은 '세상 참 좋아졌다'. '참 놀라운 것들이 있다'라고 이야기한다."

특히 이 부분에서 나는 충격을 받았다. 99%의 인간은 유기물, 잉여인간이라고 표현하는 부분에서 뭐라 말할 수 없는 비참함을 느꼈다. 인터넷으로 메일이 왔다갔다 할 것이라고 말한 사람이 0.1%에 해당하고, 0.9%에 해당하는 박경철 원장의 친구인 백수 친구 이야기를 몇십 번을 들었는지 모른다. 헨리포드와 록펠러에 대한 이야기, 방직 공장의 자동화로 인해 감자밭이 없어지고 양 목장으로 돈을 버는 이야기. 항상 0.1%의 더블유는 존재하고, 그 천재성을 알아보는 0.9%의 통찰력을 가진 사람들이 존재한다는 것이다.

나는 정말 어려서 공부를 안 했기 때문에 0.1%에 들지 못할 것을 알고 있었다. 그럼에도 불구하고 99%의 잉여인간으로 사는 것은 원하지 않았기에 항상 새로운 것에 주목하고 있었다. 그러다 트리즈를 만나고 0.9%의 통찰력을 가진 인간으로 변모하고 있다고 믿고 있다. 나중에 내 주변에서 천재적인 인간을 찾을 것이다. 그리고 난 그 사업을 하지는 못하겠지만,

연계된 사업을 통해 어느 정도의 부를 축적하게 될 것이라고 생각했다.

그런 생각을 계속 가져오다 2014년에 부산 벡스코에서 트리즈를 활용한 아이디어 경진대회를 개최하게 되었다.

▲ 부산 벡스코에서 개최된 트리즈 아이디어 경진대회

이 경진대회는 현대중공업과 SK하이닉스, 그리고 농협에서 기업의 애로점을 제시하면 그것을 트리즈로 풀어 해답을 제시하는 형태였는데, 농협에서 현재 사안을 정확하게 문제로 제시하는 바람에 나도 함께 문제를 풀어보는 시간을 가질 수 있었다.

그 문제는 요즘 은행들이 안고 있는 문제이기 때문에 한 은행의 문제가 아니었다. 온라인 뱅킹을 하지 말아야 한다. 왜? 고객들이 매장에 와야 보험이나 펀드·적금 등을 소개하고 수익을 낼 수 있기 때문에 온라인 뱅킹을 해야만 한다. 왜? 타 은행들이 고객 편의를 위해 온라인 뱅킹을 제공할 때 우리만 안 하면 고객을 잃을 수 있기 때문에….

이 문제에 대해 많은 학생들이 의견을 제시했고, 또 전문가들과도 의견을 나눴다. 물론 나도 의견을 냈다. 현재 오프라인 시장을 줄여 매장을 축소하고, 온라인 홍보를 강화하는 식으로 이야기를 풀어 나갔다.

이 생각이 계속 머릿속에서 움직이고 있을 때, 핀테크, 크라우드펀딩, P2P 대출 등의 이야기들이 외국 신문 번역본들에서 올라오고, 외국에서는 은행들이 문을 닫을 지경이라는 소리도 들리고 있었다.

이제까지 9windows에 대해 이야기했지만, 환경이 변하고 있다는 것은 누구나 쉽게 알 수 있다. 상위 시스템은 분명히 바뀌고 있었다. 금융 환경이 바뀌고 있었다. 하지만 내가 가진 것이 너무나 없어 감히 움직일 수 있는 분야가 아니고, 아는 상식도 너무나 미천했기에 속으로만 애를 태우고 있었다.

고 정주영 회장은 500원짜리 거북선 지폐로 돈을 빌려왔다는데, 나는 아무것도 할 수 없다고 생각하며 시간을 흘려 보내고 있을 즈음이었다.

2014년 9월 정부에서 부동산 대출 규제를 완화하여 LTV^{주택 담보 인정 비율}는 70%로, DTI^{총부채상환비율}는 60%로 완화하고, 금리도 낮아지자, 많은 사람들이 빚을 내어 부동산을 매입했다.

트리즈를 하기 전에 부동산 경매를 주업으로 했기 때문에 현재 우리나라의 부동산에 대해 조금은 걱정을 하고 있었는데, 이건 아니라는 생각을 하게 되었다. 가계 부채는 1,000조 원이 넘은지 오래고, 소시민들은 은행에서 돈을 못 빌리고, 대부업체의 살인적인 이자에 치이고 있었다. 또, 직장에 다니던 사람들은 명예퇴직이라는 이름 아래 강제로 퇴출 당하고, 은퇴하는 사람들은 2~3억 원의 퇴직금을 가지고 나와 치킨집이나 커피숍으로 강제로 떠밀리고 있었다.

은행 이자는 1.5%에서 세금이 빠지면 1.2~1.3% 정도밖에 안 되는 상황이었다. 대부업체는 일본계가 자리 잡고 있어서 경제적으로 속국이 되어가는 느낌마저 들었다. '분명히 대출 규제는 다시 강화될 테고, 그럼 돈 없는 사람들은 더 힘들어질 텐데, 내가 할 수 있는 일이 없을까?'라는 고민을 많이 했다.

그때 '렌딩클럽'이라는 P2P 회사가 7년 만에 상장해서 대박이 났다는 뉴스와 함께 어떤 식으로 운영되는지가 소개되었다. 신용을 담보로 돈을 빌려주고, 8% 정도의 비용으로 대출을 해준다. 투자하는 사람들도 돈을 번다.

와! 이거 더블유다.

벌써 7년 전에 이런 것이 나와 운영되고 있었다. 그런데 여기서 난 의문이 들었다.

'신용을 담보로 돈을 빌려줘? 정말? 그 사람이 안 갚으면? 우리나라의 신용 시스템이 정상인가? 돈을 많이 빌려야 신용이 올라가고, 자영업자들은 신용카드도 없는 사람들이 많은데? 나는 돈을 빌려줄까?' 등 너무나 많은 의문 속에 잠을 설치기도 했다.

그런데 이 의문 속에서 내가 가지고 있는 자원이 떠올랐다. 내가 부동산 경매를 했던 경험 덕분에 '만약 부동산을 담보로 크라우드펀딩을 진행한다면 어떻게 될까?'라는 생각을 하게 되었다.

내가 부동산 경매를 할 당시, 돈을 빌리면 이자를 20%에서 많게는 100%까지도 주면서 경매를 할 때도 있었다. 물건이 좋으면 돈이 없고, 돈이 없으면 물건이 좋은 게 나오는 경우가 너무 많아서 만약 경매하는 사람들에게 이것을 적용하면 어떻게 변할지에 대한 답이 나왔다.

미래 상위 시스템은 앞으로 변할 수밖에 없는 환경이 조성되어 있었기 때문에 미래시스템인 부동산 크라우드펀딩을 진행하는 것으로 결정했다.

그럼, 나에게 필요한 하부 시스템은 무엇인가?

'IT 기술', 아!

'나는 홈페이지 하나 만들 수 없는데 어쩌지.' 생각하고 또 생각했다. 내가 할 수 없으면 할 수 있는 사람을 찾으면 된다. 그래서 찾은 사람이 제주도에 있던 김영민과 이상운이라는 친구였다. 둘 다 트리즈를 하면서 알게 됐고, 만난 지는 4년 정도 되었다. 모두 IT 쪽에서 꽤 오래 종사했던 친구들이고, 사업도 해본 친구들이라 전화를 했다. 이런 이런 아이템이 있는데, 할 수 있느냐고 물었다. 할 수 있단다. 일단 홈페이지를 만드는 데 3,000만 원이 든단다.

▲ 홈페이지 만들기

헉! 난 100만 원이면 홈페이지 만드는 줄 알았는데, 이게 뭔 소리지. 이 부분에서 정말 고마운 게 영민이다. 내가 모르는 부분을 하나하나 설명해 주며 지금까지 끌고와 준 게 영민이라는 친구다.

대전에 있는 업체에 의뢰를 하고 6개월 정도의 미팅을 하고 수정하고 또 수정하고, 이러는 동안 우리나라에도 P2P 업체들이 생겨났다. 거의가 렌딩클럽처럼 신용을 담보로 돈을 빌려주는 것이었다. 일단 난 부동산이 아니면 관심이 없었기 때문에 정말 오랜 시간 고민을 거듭하며 홈페이지도 만들고, 또 사무실도 만들어 함께 할 친구들도 구했다.

내가 울산에 있고, 제주에서 움직이려니 여러 가지 문제도 있고 해서 사무실도 제주도에 구하고 사업을 위해 많은 준비를 했다. 그래서 만들어진 회사가 ㈜랜드스퀘어다. 하지만 지금은 대표이사를 내려놓고 전문경영인 체제로 가고 있다. 많은 이유가 있지만, 가장 중요한 것은 내가 모르는 분야라는 점이었다.

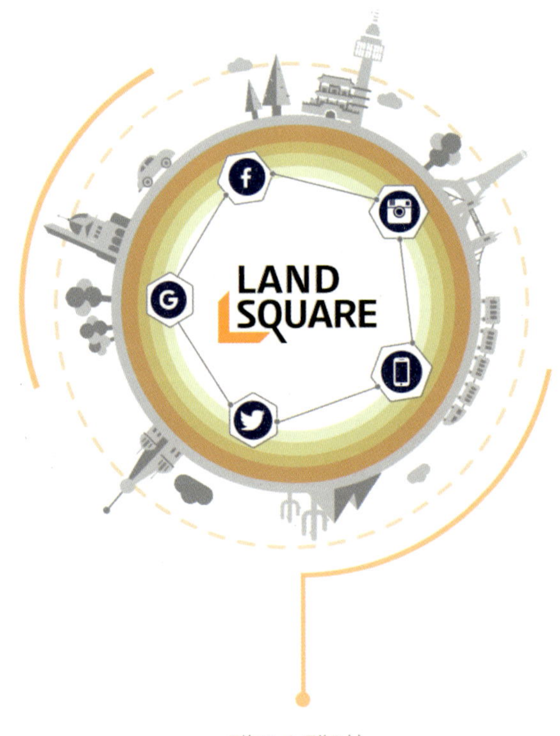

랜드스퀘어는

"금융과 부동산은 인간 관계가 중심이 되어야 하지 않을까?"
라는 의문에서 시작하게 되었습니다. 금융 자산이 부동산으로 흐르고,
부동산을 통한 가치는 더 이상 순환되지 않는 모습에서 많은 안타까움을 느끼게 되었습니다.

▲ ㈜랜드스퀘어 메인 페이지

온라인 사업을 한 번도 진행해본 적 없는 나에게 투자를 하겠다는 사람이 없었다. 사무실도 멋지게 만들고, 사업도 너무 좋은데 아무도 들으려고 하지 않았다. 기술보증기금의 담당자는 기술업체가 아니라며 대출을 거부했다. 정부에서 아직 법을 제정하지 못해 대부업체를 함께 해야 한다고 해서 만들었는데, 그것이 문제가 된단다.

기술이라는 것이 감귤 판별기 같은 것을 만드는 것이라 생각하는 것인지 정말 답답했다. 특허도 3개나 출원하고, 그 특허들도 얼마나 가치 있는 것인지 알지도 못하면서 자신의 잣대로 결론지어 버린다. 내가 부동산 경매를 할 때 그렇게 따라 다녔던 사람들도 '그게 되겠느냐?'라고 말했다. 너무 뻔하다고 말하면서 부동산이나 계속 한단다. 내년이면 부동산도 온라인으로 등기가 되고, 모든 정보가 오픈되어 수익을 내기가 정말 힘들 텐데, 변호사들도 99만 원에 등기해주는 사이트가 나오고 있는 마당에 아직도 나에게 누가 부동산을 인터넷에서 거래하겠느냐고 말한다.

물론, 미흡한 점이 너무 많았던 것을 인정한다. 앞으로 이 회사가 어떻게 움직일지 난 이제 투자자의 입장에서 바라보아야 한다. 처음으로 사업 같은 사업을 진행했다는 느낌을 가지고 있다. 0.9%의 눈으로 이 사업을 바라보았다. 단, 사업을 궤도에 올려놓을 능력이 없었던 거다.

그래도 후회는 없다. 그저 내 능력이 아직 그 정도가 안 되는 것 뿐이다. 다음에도 난 분명히 미래 사업을 찾아낼 수 있고, 이번의 경험으로 IT 사업의 흐름도 어느 정도 체험했다. 세상은 계속 변하고 있고, 난 그 변화 속에서 한 발 빨리 변화할 수 있다. 치는 파도에 쓸리는 게 아니라 파도 위에 보드를 놓고 탈 수 있다.

이 사업은 아직 끝나지 않았다.

나는 지금 제주도에 있는 사무실에서 이 책을 쓰고 있다. 현재 시간 2016년 5월 6일 금요일, 이 책을 쓰기 시작한 것은 2016년 1월이었다. 70페이지 정도 쓰다가 출판사에 냈는데, 내용이 적다고 하기에 그냥 안 썼다. 왜? 난 좋아하지 않는 일은 돈이 되도 안 한다. 재미없는 일도 하지 않는다.

그런데 얼마 전 몇 번의 강의 의뢰가 들어왔다. 사업 아이디어 발상에 대한 강의였다. 아이디어 발상은 내가 매일 하는 부분이고 재미있어 하는 부분이어서인지 너무 재미있게 강의했다. 강의 후의 평가는 본인이 제일 잘 안다. 아무리 잘했다고 해도 내가 편하지 않은 강의가 있는 반면, 강의 후에 너무 즐거웠던 강의를 말이다.

랜드스퀘어의 대표이사를 내려놓고 내가 해야 되는 일이 뭐지? 내가 가지고 있는 자원은 창의적으로 생각하는 나를 팔아 강의를 하는 것과 제주도에 있는 사무실 그리고, 나를 믿어주는 사람들뿐이다. 자금은 이번 사업으로 모두 털어먹었다. 그럼, 내가 가장 원하는 것이 무엇일까를 생각해 봤다. 그건 제주도에서 생활을 하지만 강의를 할 수 있는 환경이다.

랜드스퀘어를 한다는 이유로 강의를 대부분 거절했기 때문에 다시 시장을 만들어야 하고, 그러기 위해 내가 할 수 있는 가장 최선은 1등이 되는 책을 다시 쓰는 것뿐이라는 생각이 들었다.

물론, 사업 아이디어 발상에 대한 내용이면 더 좋겠다는 생각이 바탕에 깔리고, 그래서 고 정주영 회장의 사고 방식과 트리즈, 그리고 나의 사업 아이디어들을 연계하여 책을 쓰고 있는 것이다. 이 책이 1등을 할 것이다, 아니다는 이제 별로 상관없다. 현재도 박사급과 동등하게 강의료를 받고 아니면 더 많이 받고 있기 때문에 1등을 해야 한다는 생각은 하지 않는다.

하지만 분명한 것은 책을 쓰기 위해서는 정말 많은 책을 읽어야 하고, 그 와중에 현재의 나 자신을 다시 되돌아 볼 수 있는 시간도 가지게 된다는 것이다.

1 내가 할 수 있는 것들 찾기

요즘 트렌드인 기업가 정신, 창업, 취업, 그 모든 것들을 이번 한 달만에 다시 재정리해서 책을 보고 내가 할 수 있는 것들을 찾아냈다.

나는 지금 최고의 사무실에 앉아 있다.

▲ 제주도 애월에 있는 바다와 바로 붙어 있어 너무 아름다운 UFO 건물이 내 사무실이다.

제주도에 내려와 함께 하는 친구들과 이곳에 왔는데, 도저히 너무나 아름다워서 네 시간을 앉아 있었다. 카페를 하던 분이 아이 때문에 카페를 내놨다고 해서 얼른 계약하고 사무실로 인테리어를 해서 근 1년을 쓴 것이다. 이젠 이곳을 어떻게 유명한 카페로 만들까 구상하고 있다.

▲ 이것이 나의 책상이다. 어려서부터 바다가 보이는 유리창과 대리석으로 만들어진 책상을 가지고 싶었다.

▼ 카페로 구상 중인 사무실 공간

　사업을 할 수밖에 없는 사람들이 있다. 퇴직했거나, 은퇴했거나, 취업을 못했거나…. 그런 사람들이 사업 아이디어를 내서 먹고 살아야 한다. 가장 중요한 건 내가 가지고 있는 자원을 객관적으로 바라봐야 한다는 것이다.

　내가 할 수 있는 것, 내가 가지고 있는 것, 내가 활용할 수 있는 사람, 내가 가지고 있는 자금, 이 모든 것들이 자원이고, 이를 하나하나 연결하여 생각해야 한다.

　난 가진 것이 없다고 생각하는 사람들이 있다. 난 빚만 있다. 그래도 난 다시 사업을 해서 일어서려고 한다. 이 책이 나올 때쯤이면 아마도 이 카페는 영업을 하고 있을 것이다.

　왼쪽의 이미지에 있는 사진과 이미지들은 내가 책을 쓰면서 하나하나 시간 날 때마다 하고 있는 작업이다. 정보를 수집하고 현재 할 수 있는 것들을 찾아 붙여 시각화시키고, 그것들을 하나씩 연결한다. 지금부터 어떤 것들을 연결하는지, 그리고 무엇을 할 수 있는지 써보려고 한다.

　일단, 현재 카페를 2016년 6월 1일에 오픈하려고 계획했다. 자금은 현재 내가 가지고 다니는 차가 전부다. 카페는 계약금을 깎는 조건으로 협의를 했다. 결론적으로 지금 현재 카페를 운영할 수 있는 조건이 아니다. 물론, 어떤 분들은 그래도 많은 것을 가지고 있다고 생각할 것이다. 내가 지금 처한 상황을 알지 못하니까 그럴 수 있다.

　내가 지금 어떻게 보면 창피할 수 있는 이야기를 쓰는 이유는 앞으로 2~3개월 후면 이 책이 나올 것이고, 그때는 잘난 척 하면서 이야기할 거리가 생길 것을 확신하고 있기 때문이다.

　고 정주영 회장이 빌린 돈으로 시작한 자동차 수리점이 불탔을 때 투자한 분을 찾아가 다시 돈을 빌린 건 확신이 있기 때문이었을 것이라 생각한다. 겨우 이 정도로 얼굴 숙이고 다니고 싶지 않다. 그리고 카페를 하면서 트리즈의 40가지 발명 원리를 적용하여 개선을 하면서 나중에 내가 강의하는 소스로 쓸 생각이다. 벌써 몇 가지 아이디어가 나왔고, 또 새로운 사업 아이디어도 생겼다.

▲ 바다와 바로 붙어 있는 풍경

▲ 야자수

3 자원 분석하기

일단, 자원 분석을 해보자. UFO 모양의 건물, 바다와 바로 붙어 있는 풍경, 예술적인 낙조, 제주도 애월의 최고의 자전거 도로, 야자수, 주인이 쓰고 있는 펜션, 넓은 주차장, 나무로 만들어 놓은 테라스, 돌하루방, 앞바다에서 나는 해산물, 한라산이 보이는 풍경, 절반으로 나뉘어져 있는 카페와 사무실 공간, 부엌, 수많은 주방기구와 커피머신, 디자인을 할 줄 아는 나의 아내와 나와 12년을 함께 한 동우, 사고가 자유로운 나 등 아마도 자원을 분석해보면 몇백 가지가 나올 것 같다. 필요하다면 공기 중에 있는 산소까지도 자원으로 쓸 수 있다.

카페에서 제일 중요한 것은 일단 커피가 맛있어야 하는데, 교육을 받으려면 어떻게 하지?

나는 운이 좋아서, 제주시에서 제주도민을 위해 만든 카페 운영 교육 이수 프로그램을 소개받았다. 물론, 함께 하는 동우도 같이…. 그 덕분에 제주도로 주소를 옮기기도 했다.

'요즘 이슈가 되는 음료는 망고로 만든 것이 많던데'라고 카카오톡에 있는 친구들에게 질문을 던지니 수많은 정보들이 올라왔다. 현재 제주도에서 가장 이슈가 되는 맛집들과 망고 주스 전문점 또 새로운 아이템 등 모두 도와주려고 하는 사람들뿐이다. 어떤 사람은 카페 이름을 이야기한다. 뭔가 색다른 것을 쓰라고 말이다.

사업자 등록할 때 이름이 달라도 되니 뭔가 새로운 것을 이야기한다. '바다에 추락한 UFO', '바다를 사랑한 UFO', '망고 우주인', '망고에 빠진 UFO' 등 일단, 많은 사람들의 조언을 취합하고 있다. 이것도 강제 연결법이나 역전법을 쓰게 되겠지.

나는 예전에 자전거를 탔다. 제주도를 자전거를 타고 돌았는데, 그때 내

옆을 유유히 지나가는 왕발통을 보고 참
재미있다고 생각했다.

　지금 우리 카페는 엄청난 환경을 가
지고 있는데 우리 카페같은 환경은 송악산 쪽
은 있는데, 애월에선 본 적이 없다.

　난 지금 고민하고 있다. 왕발통을 열대 정도 사면 어떨까? 그럼, 일단
차를 팔아서 사볼까?

　사람들은 수익성을 이야기 하는데, 난 좀 다른 것 같다.

　내가 재미있고 좋아야 한다. 그래야 나중에 잘 안 되더라도 즐거운 기억
이 된다.

▲ 무거운 돌들의 용도를 찾고 있다.

내가 요즘 재미있는 생각을 하고 있는 돌들이다. 이 돌들은 기중기가 없으면 들리지도 않을 정도로 무겁다. 없었으면 좋겠다는 생각을 더 많이 하지만, 장자莊子의 무용지용無用之用[11]처럼 쓸모없는 것의 용도를 찾으려고 노력 중이다.

위에 덮어놓은 나무들을 버리고, 순수하게 돌로 활용할지, 아니면 망고 우주인이 우주선을 타고 이곳에 내려와 정착하게 된 이유를 스토리텔링을 해서 보이는 부분에 그림을 그리던지 일단은 이 부분에 굉장히 많은 시간을 투자해서 생각하고 있다. 아마도 이 책이 출판될 때쯤이면 어떻게 바뀌게 되었는지 알 수 있겠지. 기대된다. 꼭 미래에 보내는 편지와 같은 느낌이랄까?

하나의 아이템을 진행할 때마다 난 어떤 아이디어들을 내고, 그 아이디어는 어떤 방법으로 나왔는지 기록하고 있다. 이런 것들도 하나의 패턴으로 만들어 공유한다면 조금은 더 편안하게 사람들이 사업이나 창업을 할 수 있다고 생각하기 때문이다.

고 정주영 회장이라면 이런 고민보다는 큰 그림을 그리겠지만, 난 조금 천천히 하려고 한다.

이 책을 읽는 분들은 나중에 꼭 한 번 이곳에 들러주시길 바란다. 함께 이야기하고 차 한 잔 마시면서 이야기를 나눠보고 싶다. 이 책에 쓰지 못한 더 많은 이야기들을 함께 나누고, 바다를 배경으로 웃으며 사진을 찍고, 여름에는 반바지에 하와이안 티셔츠를 입고 자유를 느끼고, 겨울엔 눈 쌓인 한라산을 뒤로 하고 맛있는 커피를 내리며 이야기하고 싶다.

---

11 쓸모없는 것의 쓸모. 쓸모없다고 생각하는 것이 실은 쓸모가 있음. 『莊子(장자)』 '인간세편(人間世篇)'에 나오는 이야기로 "산의 나무는 제 스스로를 해치고 있다. 기름불의 기름은 제 스스로 태우고 있다. 계피는 먹을 수 있는 것이기 때문에 사람들이 그 나무를 베게 된다. 옻은 칠로 쓰이기 때문에 사람들이 칼로 쪼갠다. 사람은 모두 쓸모 있는 것의 쓸모만을 알고, 쓸모없는 것의 쓸모를 알지 못한다." (출처: 『한자성어·고사명언구사전』(이담북스))

사업 아이디어를 내는 방법이 있다면 그것은 '사업 계획서를 쓰거나 자금 흐름을 분석하는 것들이 아닌 사람들과 어떻게 공감하고 그 공감대 속에 어떤 제품을 만들 것인가'가 우선이 될 것이라 생각한다.

세상은 점점 공감하는 사람들이 성공하는 패러다임으로 바뀌어 가고 있다. 너무나 힘들어진 사회에 뛰어들어야 하는 많은 분들의 걱정과 근심이 가슴에 큰 멍울처럼 메어온다.

내가 할 수 있는 것은 과연 뭘까?
내가 원하는 것은 정말 뭘까?
내가 해야 할 일은 뭘까?
항상 생각하며 살아가야 한다.

누군가가 말했다.

"생각한 대로 살지 않으면 사는 대로 생각하게 된다."[12]

---

12 프랑스의 소설가 폴 부르제(Paul Bourget)가 『한낮의 악마(Le Démon de midi, 1914)』에서 쓴 문장

정말 하고 싶은 이야기

정주영 회장의 사례를 소개하며, 왜? 그럼 사람들은 자신이 무엇을 원하는 것인지를 모르는 것일까? 해결책에 대한 직접적인 접근을 어떻게 해야 하는 것인지 모르는 것일까?

나는 강의를 할 때, 학생들에게 질문부터 던진다.

지금 내가 가지고 있는 물통으로 할 수 있는 게 뭘까? 그럼, 학생들은 다들 비슷한 대답을 한다. "물을 넣을 수 있다.", "화분으로 이용한다.", "운동을 할 수 있다.", "누군가에게 던질 수 있다." 등으로 말이다.

왜? 앉아 있는 수많은 학생들이 비슷한 것을 말하는 것인가? 이것은 지금까지 우리가 배워온 주입식 교육으로 같은 시간 같은 공간에서 비슷한 생각만을 강요당한 데 대한 역효과라고 생각한다. 아무도 생각을 자유롭게 하라고, 그리고 원하는 것을 찾으라고 배우지 않았다. 그러면서 지금에 와서 창의력이니 창조니 하는 말들을 한다.

그럼, 정말 문제가 뭔가?

세상은 다음 페이지의 그림과 같이 사실과 그에 따른 인과관계로 나오는 현상이 발생하고, 그 현상에서 내가 원하지 않는 결과들이 나타날 때. 그 결과들이 나오게 하는 직접적인 원인이 있는데, 이것을 문제로 삼아야 한다. 하지만 익숙하지 않은 사람들이 사실 자체를 문제로 받아들여 해결을 하려다 보니 제대로 된 문제조차 찾지 못하는 실수를 하게 된다고 생각한다.

한 가지 예를 들어보자.

하늘에서 오랜 가뭄으로 장기간 비가 내리지 않는다. 시간이 지날수록 땅은 말라 어느 순간 땅이 갈라지기 시작하고 농작물은 키울 수 없다. 농작물을 수확하는 것이 유일한 생업인 사람들은 먹고 살 길이 없어져 굶어 죽어가고 있다.

위 그림에서 사실은 무엇이고, 현상은 무엇인가? 그리고 문제는 무엇인가? 많은 사람들이 "사실은 비가 안 오는 것"이고, "현상은 땅이 갈라지고 농작물이 자라지 않는것"이라고 이야기한다.

▲ 가뭄의 예

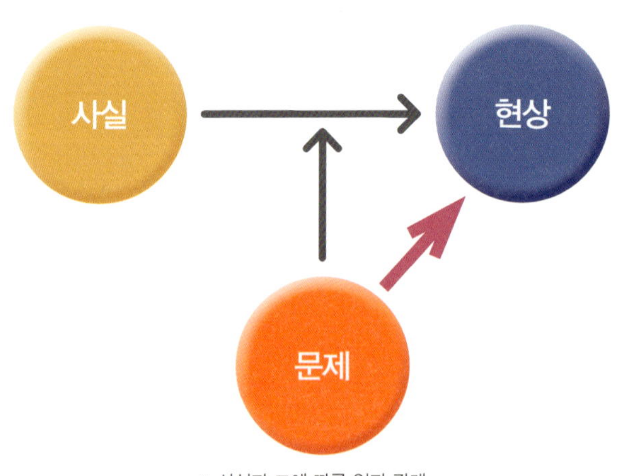

▲ 사실과 그에 따른 인과 관계

그런데 정작 문제가 무엇인지 이야기할 때는 좀 다르다. 비가 오래 안 오는 게 문제라는 사람도 있고, 사람들이 굶어 죽는다고 이야기하는 사람들도 있다. 간단하게 앞의 문제를 표현하면 아래 그림과 같다.

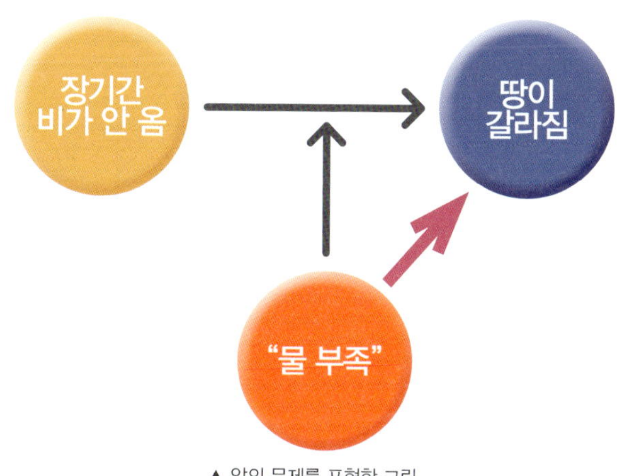

▲ 앞의 문제를 표현한 그림

말 그대로 장기간 비가 안 오는 것이 사실이고, 이것이 원인이 되어 땅이 갈라지는 현상이 발생한다. 이 현상으로 인해 농작물이 자라지 않고, 사람들이 굶주리고 죽어가는 것은 인과관계에 따른 현상인 것이다.

정작 문제는 왜 비가 안 오는데 땅이 갈라지느냐를 생각해야 하는데, 그렇지 못하다. 이는 이 문제에만 국한된 것만은 아니다. 인류가 지금까지 살아오면서 가뭄 해결에 대한 문제를 장기간 비가 안 오는 것으로 규정하고 있었기 때문에 불과 얼마 전까지 인간은 기우제를 지냈다. 물이 부족하다는 것을 인식을 못했기 때문에 저수지를 만든다거나, 파이프라인을 만든다는 생각을 못했던 시대가 있었던 것이다.

그럼, '정말 문제를 어떻게 찾아내야 하지?'라는 현실에 맞닥뜨리게 되는데, 과연 어떻게 해야 할까?

난 이것을 이 책에 쓰고 싶지 않았지만, 출판사에서 뭔가 책에 부족한 부분이 있다고 이야기하고, 조금은 한두 단계 더 깊이 쓰면 좋겠다는 이야기를 해서 책의 마지막 부분에 와서야 최소 시스템에 대한 이야기를 다시 한 번 하게 됐다.

　새로운 결과를 원할 때 기능으로 사고를 하는 방법을 알아야 한다. 내가 원하는 결과에서 시작하여 연역적으로 전개되어 가는 시스템…. 그것이 최소 시스템으로 나타난다.

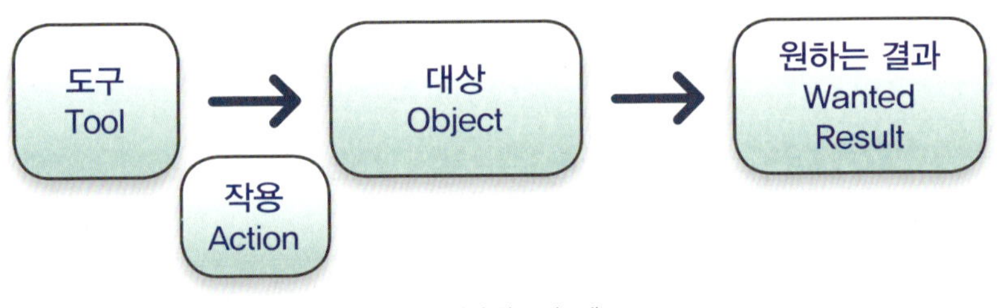

▲ 연역적 최소 시스템

　이 과정에서 내가 원하는 결과가 무엇이냐에 따라 툴^{도구}은 얼마든지 바뀔 수 있는 것이다. 하나의 예를 들어 망치로 나무에 못을 박는 일을 하는 과정을 하나의 시스템으로 설명해보겠다.

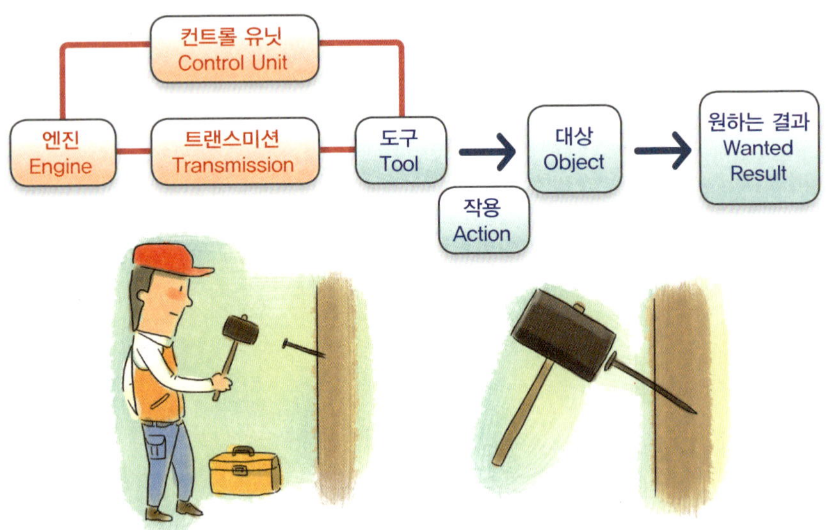

▲ 망치로 나무못을 박는 과정

앞 페이지 하단의 그림처럼 내가 원하는 결과는 나무 속으로 잘 이동된 못이 되고, 그 기능을 하는 것이 못을 나무 안으로 밀어 넣는 액션이 된다. 못을 나무 안으로 밀어 넣기 위해 필요한 툴이 망치인 것이다. 그리고 그것을 움직이는 팔이나 몸을 트랜스미션으로 보고 몸의 체력이나 힘을 엔진으로 볼 수도 있고, 음식물을 엔진으로 볼 수도 있다. 그리고 정확한 위치 선정을 하는 컨트롤 유닛은 당연히 사람의 뇌가 된다.

그런데 이 책에서는 이런 시스템 전체를 이야기하기보다 툴과 액션, 그리고 오브젝트로 이루어진 최소 시스템에 중점을 두었다.

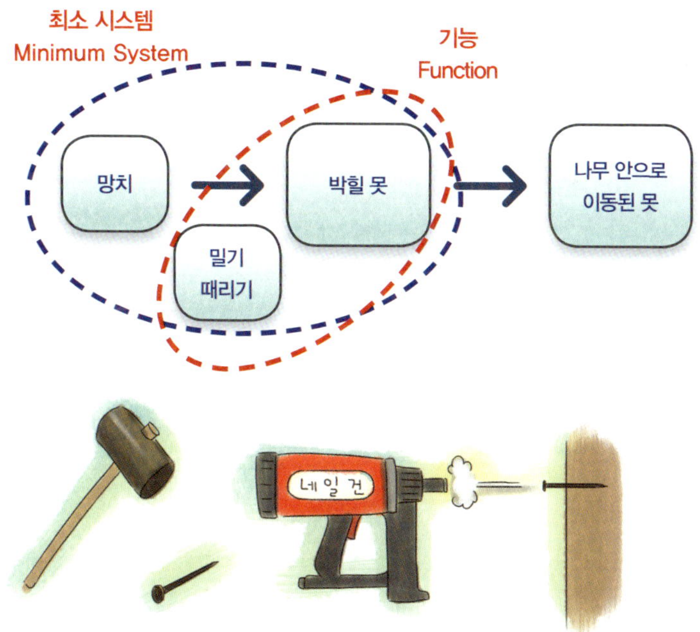

▲ 툴과 액션, 오브젝트로 이루어진 최소 시스템

그 이유는 내가 원하는 것을 알아냈을 때 진정으로 내가 원하는 툴이 만들어진다고 생각하기 때문이다.

만약 나무 안으로 이동된 못이 내가 원하는 결과라면, 못을 밀거나 때리는 기능 말고도 많은 방법이 있을 수 있다는 것이다. 음파를 이용하거나 열 또는 자력을 이용하는 등 너무나 많은 방법이 있을 수 있다. 그렇게 될 때 망치가 아닌 다른 것이 툴이 되는 상황이 나타나게 된다.

하나의 원하는 결과를 만들기 위해 생각을 하다 보면 원하지 않는 결과를 만들어 내는 경우가 많고, 이런 것들이 모순이 될 때 트리즈로 생각의 패턴 알고리즘을 따라가면 다른 어떤 방법보다 쉽게 결과를 도출할 수 있다고 생각한다. 물론 트리즈가 모든 세상의 문제를 해결할 수 있다고 말하는 것은 아니다. 그러나 짧은 시간에 효과적인 결과를 도출할 수 있다고 생각한다.

특히 원하지 않는 결과가 하나 뿐만 아니라 무수히 많이 나올 수 있다. 그런 원하지 않는 결과는 버리는 것이 아니라 모아두어 자신의 자원으로 쓰면서 기술의 발전이 내가 생각하는 수준에 왔을 때, 기술이 안 되어 버려야만 했던 것들을 현재 기술에 접목할 수도 있는 것이다.

세상에 필요 없는 자원이란 없다고 생각한다.

내가 제일 좋아하는 학자인 장자가 이야기하는 무용지용^{쓸모 없음의 쓸모 있음}은 트리즈의 철학을 많이 담고 있다고 생각한다. 남들이 사용하지 않는 것, 혹은 다른 분야에서 활용하고 있지만 내가 쓰는 분야에 없는 것들이 모두 자원이 되고, 그 자원들을 이용해 문제를 해결할 때 창의적인 발명이 되거나 창의적인 사업이 나올 수 있다고 생각한다.

정주영 회장의 사례들을 정리하며 느꼈던 것은 언제나 '내가 원하는 것이 뭐지?'다. 내가 원하는 것이 있을 때는 그것이 아무리 어려운 일이고 불가능한 일이라고 해도 방법을 찾아냈다. 일반인들과 정주영 회장의 차이가 바로 여기서 출발한다.

생각하는 방식을 조금만 바꾸면 세상을 변화시키는 방법을 찾아낼 수 있다. 난 그렇게 생각한다. 세상엔 정말 다양한 문제들이 존재한다. 그러나 많은 사람들은 빈대에 물리면서 숙소를 변화시키려 하지 않는다.

우리가 사업 아이디어를 낸다는 것은 그런 작은 것들에 변화를 주는 것이다. 세상은 너무나 빠르게 변화하고 따라가기가 힘들다.

그럼 우리는 문제를 바꿔 세상이 따라오게 하는 방법을 구상하고, 그것을 사업으로 진행해보자. 그리고 정말 세상은 넓다.

좁은 땅 위가 전부가 아니라는 것을 인식하고, 지구라는 땅에서 할 수 있는 일들을 생각해보자.

문제를 찾고 공감하고, 그것을 트리즈로 풀든, 번뜩이는 아이디어로 풀든, 다른 방법론으로 풀든 그것은 어떠한 문제도 되지 않는다.

난 그냥 내가 좋아하는 것을 찾았다. 여러분도 찾을 수 있기를 희망한다.

Reference 참고 문헌

1. 『시련은 있어도 실패는 없다』, 정주영 저, 재삼기획

2. 『아산 정주영 연구』, 고승희 저, 수서원

3. 『정주영처럼(빈곤과 굶주림의 나라에서 선진 산업국으로)』, 박시온 저, FKI미디어

4. 『현대家 사람들』, 이채윤 저, ㈜성안당

5. 『정주영(이봐 해봤어)』, 박정웅 저, FKI미디어

6. 『정주영 뛰어 넘기』, 엄광용 저, 새와나무

7. 『결단은 칼처럼 행동은 화살처럼』, 권영욱 저, 아라크네

8. 『트리즈마인드맵(생각이 열리는 나무)』, 오경철 외 1인 저, ㈜성안당

9. 『트리즈로 풀어보는 민담』, 트리즈 노리터 저, ㈜성안당

10. 『그러자 갑자기 발명가가 나타났다』, 겐리흐 알트슐러 저·박성균 역, 인터비전

11. 『실용 트리즈』, 김호종 저, 진샘미디어

12. 『창의적 사고의 기술』, 정영교 저, 크레듀하우

13. 『Creative Thinker를 위한 아이디어 발상법』, 김상수·윤숙현 외 1인 저, 청람

14. 『결과가 나오는 발상법』, 아이자와 아키라 저·한은미 역, 이순

15. 『앨빈토플러 청소년 부의 미래』, 앨빈 토플러·하이디 토플러 공저, 청림출판

16. 『앨빈 토플러 부의 미래』, 앨빈 토플러·하이디 토플러 공저·김중웅 역, 청림출판

17. 『제3의 물결』, 앨빈 토플러 저·김진욱 역, 범우사

18. 『시골 의사 박경철의 자기 혁명』, 박경철 저, 리더스북

19. 『장자』, 장자 저, 현암사

부록

트리즈 40가지 발명 원리

1 분할 Segmentation

2 추출 Extracting

3 국부적 품질 Local Quality

4 비대칭 Asymmetry

5 통합 Consolidation

6 다용도 Multifuction

7 포개기 Nesting

8 공중부양/균형 추 Counterweight

9 사전 반대 조치 Preliminary Counter Action

10 사전 조치 Preliminary Action

11 사전 보호 조치, 예방 Cusion in advance, Compensation

12 굴리기, 높이 맞추기 Equipotentality

13 거꾸로하기 Do it Reverse, inversion

14 곡선화 Curvature Increase

15 자유도 증가 Curevature Increase

16 초과나 과부족 Partial or Excessive Action

17 차원 변화 Dimension Change

18 진동 Vibration

19 주기적 작용 Periodic Action

20 유용한 작용의 지속 Continuity of Useful Action

21 급히 통과 Rushing Through

22 전화위복 Convert Harmful to Useful

23 피드백 Convert Harmful to Useful

24 중간 매개물 Intermediate

25 셀프서비스 Self-Service

26 복사 Copy

27 일회용 Cheap Short Life

28 기계 시스템의 대체 Pneumatic or Hydraulic system

29 공압 및 유압 Pneumatic or Hydraulic System

30 얇은 막 Flexible Membrane and Thin Flim

31 다공성 물질 Porous Materials

32 색깔 변화 Changing Color

33 동질성 Homogeneity

34 폐기 및 재생 Rejection and Regeneration

35 속성 변화 Parameter Change

36 상 전이 Phase Transfomation

37 열 팽창 Thermal Expansion

38 산화 가속 Accelerated Oxidation

39 불활성 환경 Inert Environment

40 복합 재료 Composite Materials

트리즈 40가지 발명 원리

  창의적으로 생각하다 보면, 어느 순간 하게 되는 것이 있다. 그것은 바로 아이디어 발상이다. 그러나 아무리 발상을 해도 자신이 알고 있는 공간에 갇혀 있기 때문에 다른 이들과 다른 새로운 아이디어를 낸다는 것은 매우 힘들다. 따라서 글의 말미에 40가지 발명 원리의 간단한 소개를 이미지로 대신하려 한다.

  이 이미지들은 서로 쌍을 이루고 있다. 전후 이미지로 구성된 이 이미지도 사실은 나름대로의 창의력을 발휘하여 만든 것들이지만, 실제 그림을 그린 친구들은 울산대에 재학 중인 디자인과 학생들이다.

  알트슐러는 트리즈를 설명하면서 40가지 발명 원리를 굉장히 우화적으로 그려내어 처음 접하는 사람들이 어떤 그림인지 이해하지 못하는 것들도 있다. 처음 책인 『트리즈 마인드맵』에서는 그것들을 쉽게 40가지 발명 원리 포스터로 만들어 나름대로 큰 효과를 거두었다. 하지만 공대생들과 달리 인문계 쪽 친구들은 조금 이해하기 힘들다는 의견이 있어서 내 나름대로 고민을 하기 시작했다. 내가 트리즈 강의를 하기 시작한 것은 전문가들에게 도움이 되기 위한 것보다 많은 사람들이 쉽게 배워 세상에 존재하는 많은 문제들을 손쉽게 풀 수 있게 되기를 바라는 마음 때문이었다. 그럼, 이것을 어떻게 표현할까? 내가 원하는 것은 무엇일까? 그것을 어떻게 만들 것인가? 항상 생각을 하다 보면 기회는 찾아온다.

  울산지식재산센터에서 진행하는 2013년 디자인 가치 제고 사업의 일환으로 1,000만 원의 지원금을 받아 울산대와 산학협동으로 사업을 진행하게 되었다. 몇 개월의 시간을 이 디자인에 투자했는지 모른다. 울산대학교의 정지원 교수님과 장찬양, 이정화, 박한솔, 정주경, 박수은 학생 동료인 김동우 강사와 이동우 강사, 지식재산센터의 강은덕 연구원의 도움이 없었다면 결과물이 나오기 힘들었을 것이다.

디자인을 하면서 가장 힘들었던 점은 '어떻게 표현할 것인가?'의 문제였다. 발명 원리당 하나의 픽토그램 pictogram 으로 이해도를 높이자는 이야기도 있다.

하지만 한 장의 사진으로는 표현되지 않는 현상들이 절반이 넘는 상황이었기 때문에 이 또한 실현하기 힘들었다. 물론 많은 곳에서 발명 원리 아이디어 카드가 나와 사용되고 있지만, 내 관점은 조금 달랐다. 굳이 한 장일 필요가 있을까? 분리하면 안 될까? 현상이 일어나기 전후로 그것을 변환하는 것은 이미지 프로그램으로 가능하지 않을까? 내가 원하는 것은 쉽게 다가가는 것인데, 한눈에 알아보지 못하는 픽토그램보다는 차라리 낫지 않을까? 두 장이 힘들면 세 장으로라도 만들면 안 될까?

디자인과 학생들이 많이 힘들어했던 것을 기억한다. 다음에 책을 쓰면 꼭 고맙다는 말을 하려고했던 것이 기억이 나서 한 명 한 명의 이름도 넣었다. 창의적인 생각은 갑자기 떠오르는 것이라기보다 항상 생각하고 있으면 기회가 오는 것이라 생각한다. 이 이미지가 보는 분들의 머릿속에 남아 간단한 수준의 발명을 할 수 있다면 더할 나위 없이 기쁠 것 같다.

트리즈 이론: 40가지 발명 원리

1 분할(Segmentation)

발명 원리
1. 분할(Segmentation)

개념 — 쪼개어 사용한다
- 하나를 여러 개로 나눈다.
- 분해 결정이 용이하다.
- 이왕 쪼개진 것 더 작게 쪼개 보자.

기술 영역

블라인드

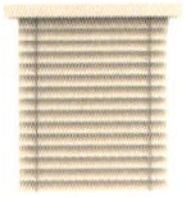

하나를 여러 개로
분할하여 기능을 추가

기차

한 장씩 분할하여
필요에 따라 사용

환풍기

날개 수 분할을
통한 기능 개선

비기술 영역

수박

분할해서 팔아 매출 상승

버스의 문

내리는 문과 타는 문을
달리 한다.

여성의 옷

원피스를 투피스로 나눠
상품의 다양성을 증가

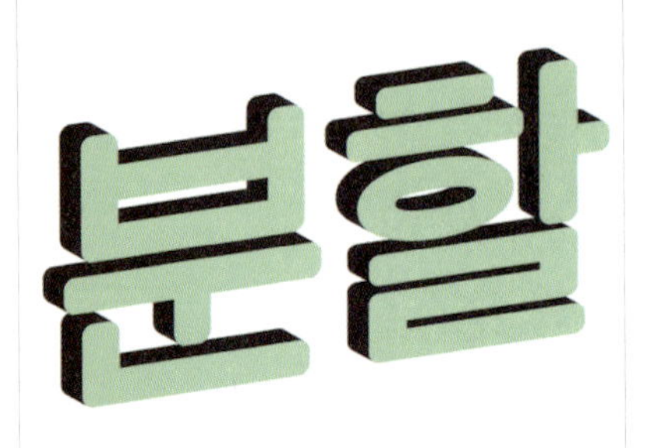

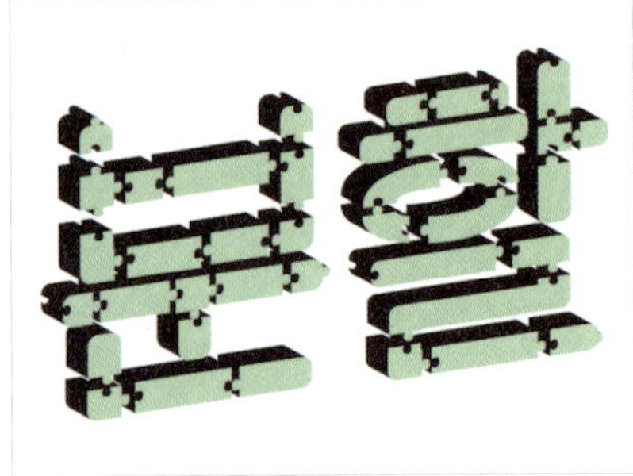

2 추출(Extracting)

발명 원리
2. 추출(Extracting)

개념 — 필요한 것만 뽑아내자
- 방해가 되는 것을 뽑아서 없앤다.
- 필요한 것만 뽑아내 사용한다.

기술 영역

우주 로켓

연료 소진 후 로켓 분리

원유

원유를 정제하여
정유와 휘발유 추출

하드디스크

하드디스크만 추출하여
이동식 디스크로 사용

비기술 영역

신장

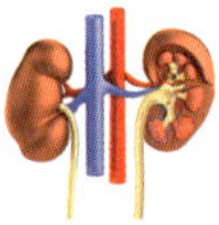

필요 없는 신장 1개를 버림.

잡초 뽑기

잔디에서 잡초를 뽑아 없앰.

특공대

전투력이 높은 병사를
선발하여 특공대를 조직함.

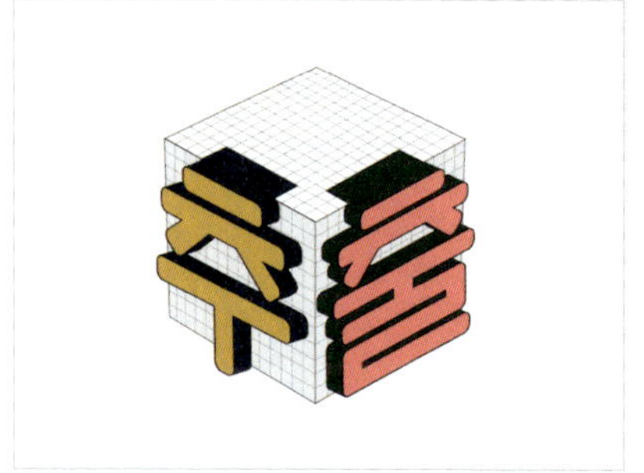

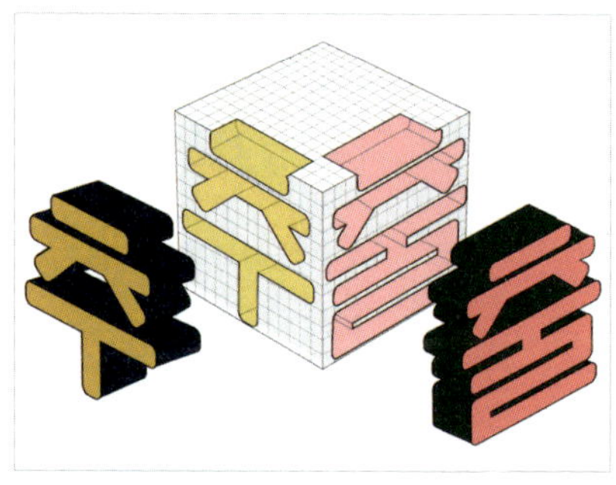

3 국부적 품질(Local Quality)

발명 원리
3. 국부적 품질
(Local Quality)

개념

전체를 똑같이 할 필요는 없다

- 일부분만 변형되면 유용한 기능을 얻게 된다.
- 같은 재질이 아니어도 된다.

기술 영역

일치

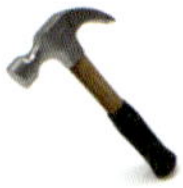

반대쪽에 장도리를 달아 못을 뽑는다.

보온병

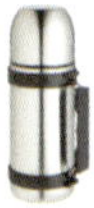

뚜껑에 홈을 파서 뚜껑을 열지 않는다.

용접

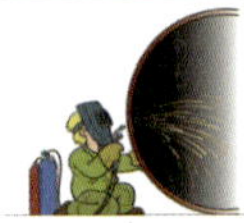

꼭 필요한 부분만 강화한다.

비기술 영역

지하철

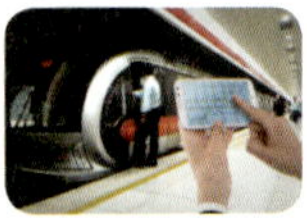

지하철 객차별로 냉난방 온도를 달리 한다.

퓨전 요리

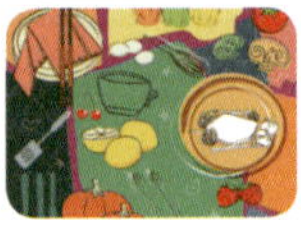

동서양의 요리를 뒤섞은 퓨전 요리

음악

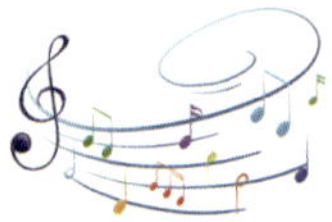

발라드 곡에 록을 삽입하여 새로운 느낌의 음악.

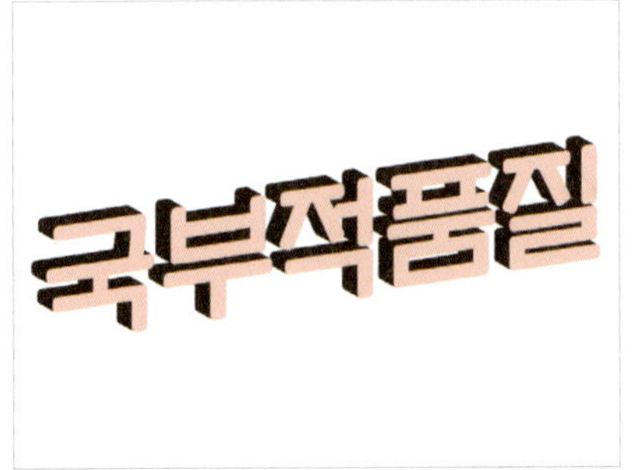

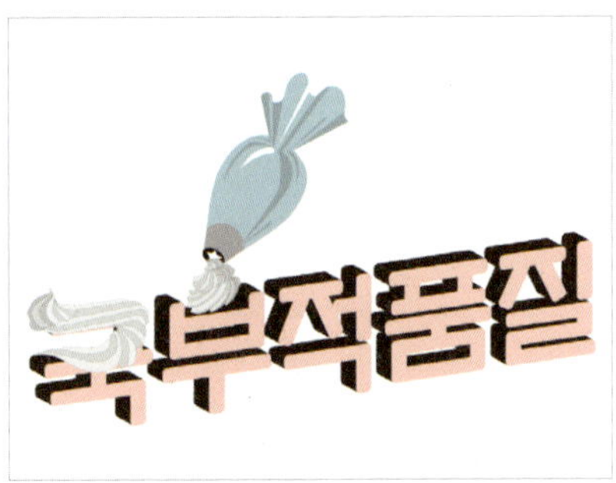

4 비대칭(Asymmetry)

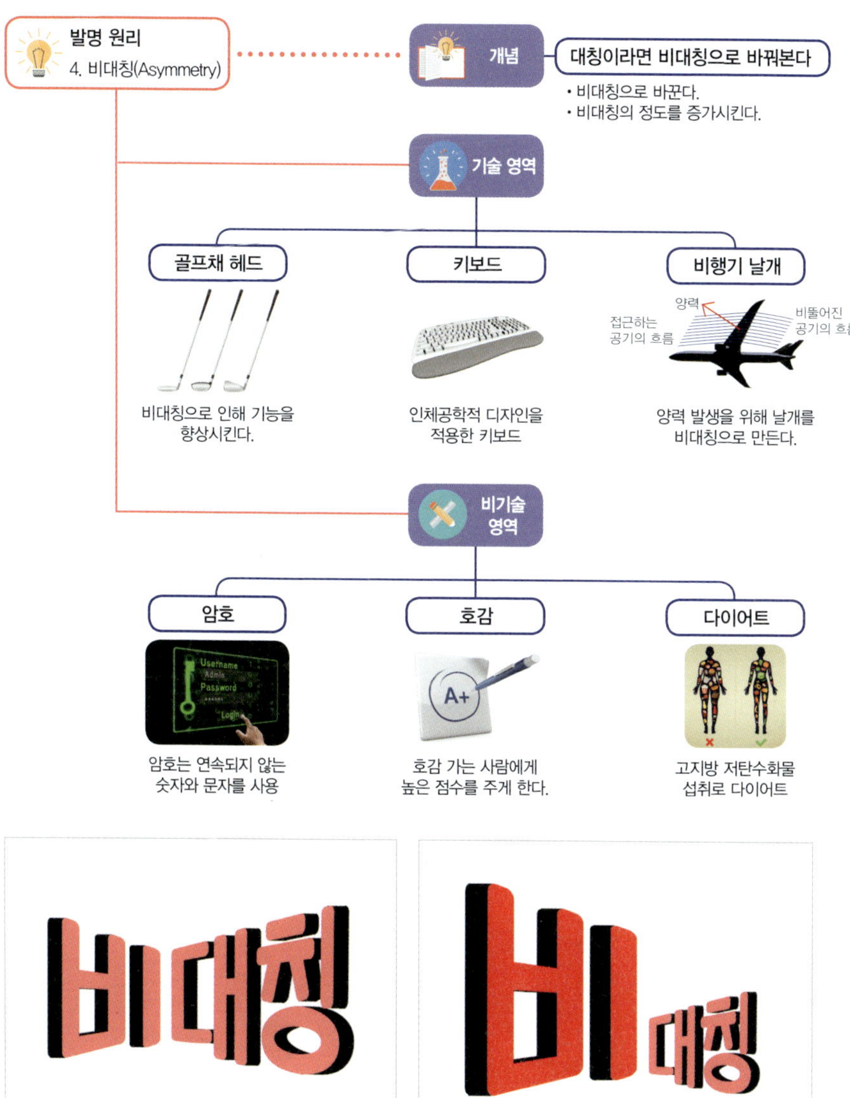

5 통합(Consolidation)

발명 원리
5. 통합(Consolidation)

개념 동일하거나 유사한 것을 하나로 통합

- 공간적으로 통합한다.
- 시간적으로 통합한다.

기술 영역

공간적으로 통합

청소기

스팀+진공 청소기의 통합

다중 면도기

면도날이 3~4개씩 겹쳐진다.

시간적으로 통합

사진기

동영상을 찍으며 사진을 찍는다.

다초점 렌즈

원시와 근시를 동시에 교정

비기술 영역

공간적으로 통합

원룸형 오피스텔

주거와 사무를 같이 한다.

백화점

식당, 커피샵, 서점을 통합한다.

시간적으로 통합

풀코스 요리

여러 가지 요리를 한 번에 접한다.

지하철

지하철을 타며 독서나 공부를 한다.

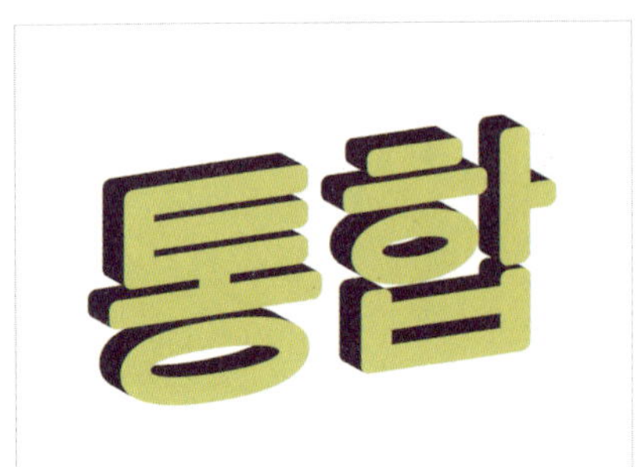

6 다용도(Multifuction)

발명 원리
6. 다용도(Multifuction)

개념 — 한 가지 물체로 여러 가지의 다른 기능을 수행

• 부수적인 물체는 제거한다.

기술 영역

복합기

전화기, 복사기,
팩스, 스캐너

맥가이버 칼

칼, 가위, 드라이버

스마트폰

컴퓨터, 전화기, 카메라

비기술 영역

부시맨의 콜라병

무기, 절구공이, 맛사지기, 떡판

지게 작대기

불쏘시개, 무기, 회초리, 지팡이

보자기

가방, 허리띠, 머플러, 응급 천

 포개기(Nesting)

발명 원리
7. 포개기(Nesting)

개념 ── 안에 집어넣기
• 한 물체를 다른 물체 속에 삽입
• 한 물체가 다른 물체의 구멍을 통과

기술 영역

삼각대

다리를 넣어 간편하게
운반한다.

비행기 바퀴

비행 중에는 비행기
안으로 들어간다.

쇼핑카트

사용이 끝나면 집어넣어
부피를 줄인다.

비기술 영역

샵인샵

큰 가게 안에 작은 가게

간접 광고

영화나 드라마의 간접 광고

추리 소설

이야기 속에 이야기를
넣어 흥미를 유발

8 공중 부양/균형 추(Counterweight)

발명 원리

8. 공중 부양/균형 추
(Counterweight)

개념

지구 중력으로부터 무게를 회피한다

- 양력이나 부력이 있는 물체와 결합
- 역학적인 힘을 이용

기술 영역

애드벌룬

헬륨 가스를 이용
중력을 극복한다.

천칭 저울

반대쪽의 무게로
중력을 상쇄한다.

자기부상열차

자기장을 이용해
중력을 극복한다.

비기술 영역

연예인 공동 출연

유명 연예인들과 함께
초보 연예인들이 공동 출연

관공서의 이름을 이용한 마케팅

한쪽의 힘을 이용한 상승 효과

위키피디아

집단 지성으로 전문가의
벽을 넘는다.

9 사전 반대 조치(Preliminary Counter Action)

발명 원리
09. 사전 반대 조치
(Preliminary Counter Action)

개념 미리 반대 방향으로 조치를 취한다

기술 영역
- 미리 반대 조치를 취하여 유해한 효과를 감소시킨다.
- 피하지 못할 유해한 효과를 감소시킨다.
- 예정된 방향으로 유도한다.

자동차용 판 스프링

어차피 올 충격에 대비하기 위해 스프링을 휘어 놓는다.

총기

녹 방지를 위해 먼저 검은 녹을 도색한다.

주사 놓기 전 엉덩이 때리기

바늘의 고통을 감소시키기 위해 엉덩이를 때린다.

비기술 영역

예방 캠페인

게임 출시 전 반감을 줄이기 위한 캠페인

물 적시기

물에 들어가기 전에 급격한 체온 저하 대비

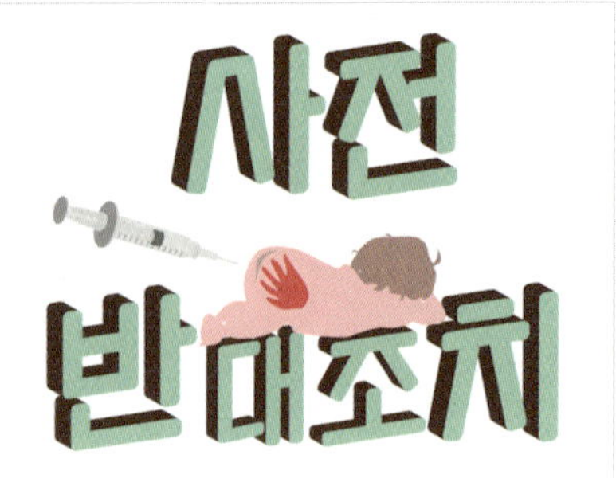

10 사전 조치(Preliminary Action)

발명 원리
10. 사전 조치
(Preliminary Action)

개념

미리 조치를 취한다.
(유용한 작용은 미리 도입한다.)

- 물체에 필요한 변화를 미리 가한다.
- 가장 편리한 위치에서 즉시 가동할 수 있도록 물체의 위치를 알아둔다.

기술 영역

커터 칼의 흠집

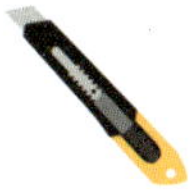

미리 흠집을 내어
쉽게 작업한다.

도장 작업

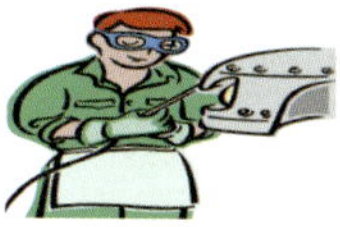

부속물은 조립 전
미리 도장한다.

테이프 커터

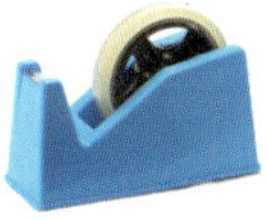

가위를 쓰지 않을 수 있게
칼날을 부착한다.

비기술 영역

예습

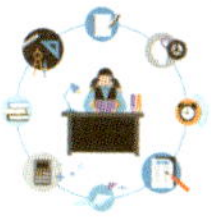

내일 배울 것에
대해 대비한다.

도배

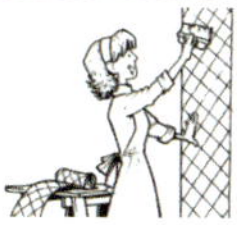

작업을 할 수 있게
풀을 발라놓는다.

정리

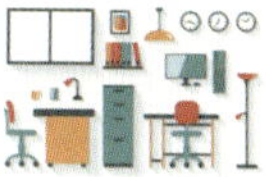

빨리 찾을 수 있게
정리한다.

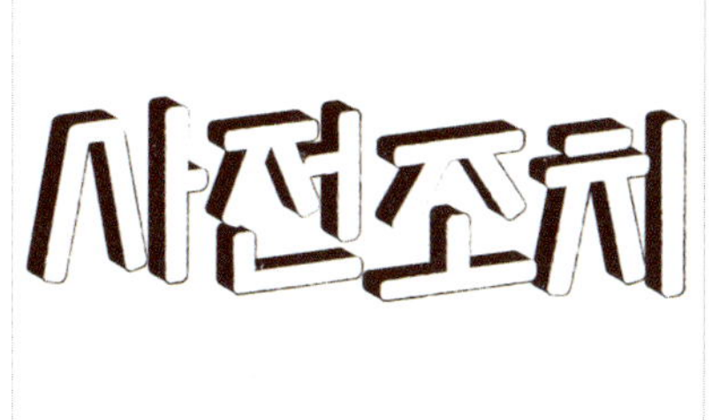

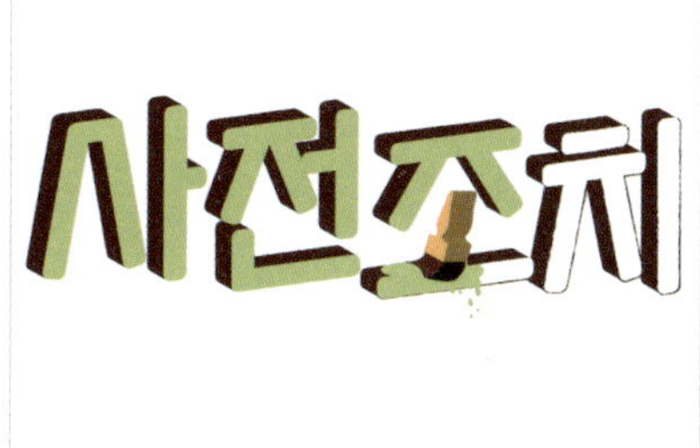

11 사전 보호 조치, 예방(Cusion in advance, Compensation)

발명 원리
11. 사전 보호 조치, 예방
(Cusion in advance, Compensation)

개념 — 부족한 기능을 보완하거나 미리 예방한다

기술 영역

커터칼

칼이 밀리지 않게
하는 고정 장치

에어백

사고가 났을 때를
대비한 에어백

권총 소음기

사용하게 될 때를
대비한 소음기

비기술 영역

의료진과 구급차 대기

행사 중 만약의
사태를 대비한다.

예방접종

병에 걸릴 것에 대비한다.

알람시계

일어나지 못할
경우에 대비한다.

12 굴리기, 높이 맞추기(Equipotentiality)

발명 원리
12. 굴리기
(Equipotentiality)

개념

들어서 옮길 필요가 없다
- 물체를 들어 올리거나 내릴 필요가 없도록 작업 조건을 바꾼다.

기술 영역

저상 버스

장애인이 오르기 쉽게 높이가 조절된다.

물류 창고

장비의 원활한 흐름을 위해 높게 설계했다.

정비호

차를 들어 올릴 필요가 없다.

비기술 영역

패밀리 레스토랑

손님과 눈높이를 맞춰 주문 받음.

눈높이 교육

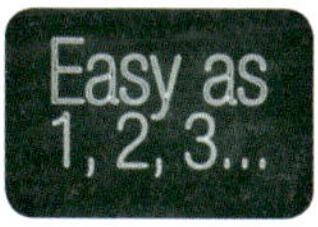

학생 수준에 맞게 교육을 진행.

다국어 안내판

외국인들을 위해 다국어로 만듦.

13 거꾸로 하기(Do it Reverse, Inversion)

발명 원리

13. 거꾸로 하기
(Do it Reverse, Inversion)

개념

반대로 해본다

- 대상물을 변화시키지 말고 외부 환경을 변화시켜라.
- 물체의 위와 아래를 뒤집는다.

기술 영역

레이저 커팅기

레이저를 고정시키고 철판을 이동

도깨비 방망이 믹서기

믹서기를 놔두고 톱날을 돌린다.

러닝머신

제자리에서 달릴 수 있다.

비기술 영역

역발상 마케팅

무조건 거꾸로 한다.

욕쟁이 할머니

과거의 향수를 기억나게 한다.

고가 전략

남들과 다름을 이용한다.

14 곡선화(Curvature Increase)

발명 원리
14. 곡선화
(Curvature Increase)

개념

직선을 곡선으로 바꾼다

- 직선을 곡선으로, 평면을 곡선으로, 입방체를 구체로 바꾼다.
- 롤러, 볼, 나선형, 원심력을 이용한다.
- 직선 운동을 회전 운동으로 바꾼다.

기술 영역

원형 탱크

유체, 기체의 안전한 보관

동그란 맨홀 뚜껑

구멍에 빠지지 않는 원형 뚜껑

회전 톱

작업 공간의 최소화

비기술 영역

원탁 회의

평등한 회의 위해

민원 전화

책임 추궁을 피해 빙빙 돌린다.

나선형 줄

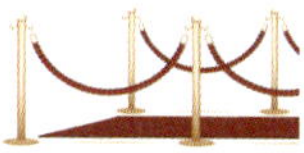

사람이 많아지면 효율을 위해

15 자유도 증가(Dynamicity)

발명 원리
15. 자유도 증가(Dynamicity)

개념
부분이나 단계마다 자유롭게 움직이기
- 움직일 수 없는 것을 움직이도록 만든다.

기술 영역

구부러지는 빨대

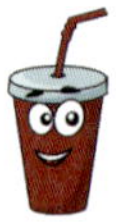

어떤 위치에서든
음료를 마실 수 있다.

접을 수 있는 키보드

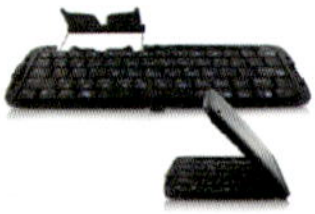

이동과 편의성을 향상시킨다.

굴절 버스, 트레일러

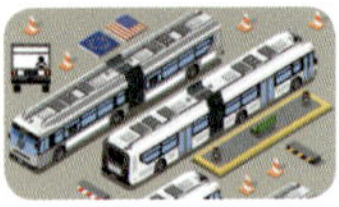

더 많은 인원을
한 번에 이동시킨다.

비기술 영역

디지털 노마드

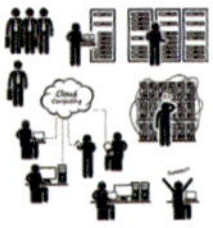

어디서든 자유롭게 일하는 사람

광고

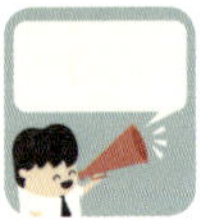

또 다른 세상을 만날 땐
잠시 꺼두셔도 좋습니다.

핀테크

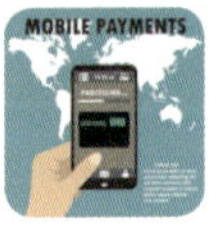

금융 시장의 이자율 경쟁

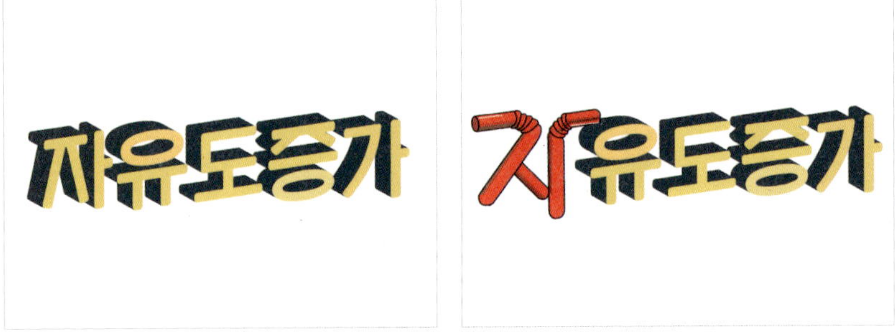

16 초과나 과부족(Partial or Excessive Action)

발명 원리
16. 초과나 과부족
(Partial or Excessive Action)

개념 · · · · · 지나치게 해버리거나 부족하게 한다

- 원하는 것을 100% 달성하는 것이 어렵다면 그보다 많게 혹은 적게 달성한다.

기술 영역

인쇄소 작두대
자료는 영역을 남겨 자른다.

다리의 길이
강폭보다 길게 만든다.

대포의 구경
적대국의 무기를 재사용하기 위해 크게 만든다.

비기술 영역

개복치
3억 개 이상의 알을 낳아 종족을 번식시킨다.

소식
건강을 위해 적게 먹는다.

됫박
많이 담고 덜어낸다.

깔대기
좁은 병 입구에 큰 입구의 깔대기를 쓴다.

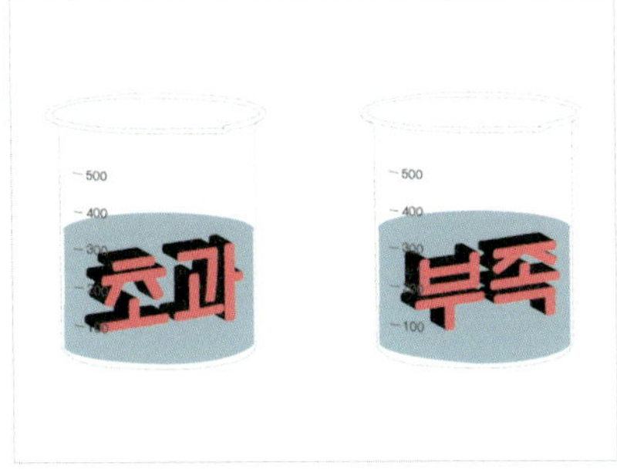

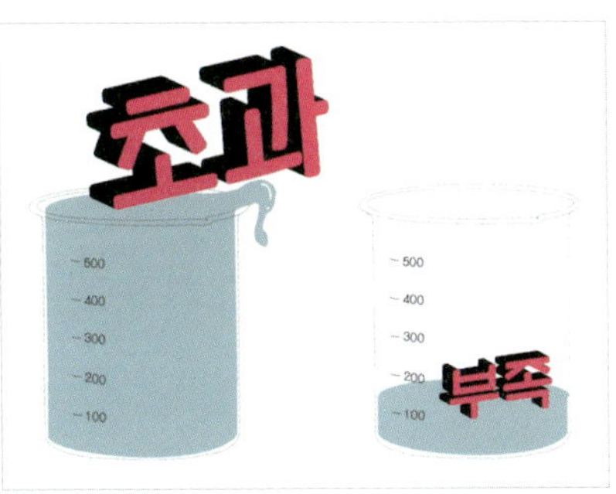

17 차원 변화(Dimension Change)

발명 원리
17. 차원 변화
(Dimension Change)

개념
1차원을 2차원으로, 2차원을
3차원으로 바꾼다
- 물체를 기울이거나 옆으로 눕힌다.

기술 영역

영화관 
사실감을 높이기 위해
1, 2, 3차원으로 제작한다.

태양 집광판 
태양을 향해 비스듬히
기울여 설치한다.

덤프 트럭 
적재함을 기울여
적재품을 내린다.

비기술 영역

거울 2개 쓰기 
거울 2개로 뒷모습을 확인한다.

복층 구조의 원룸 
공간을 둘로 나눠
활용도를 높인다.

주차 라인 
비스듬하게 그려 공간
활용과 주차를 돕는다.

18 진동(Vibration)

발명 원리
18. 진동(Vibration)

개념 — 진동을 이용한다
- 진동 수를 증가시키거나, 초음파를 이용한다.
- 기계적 진동을 압전 진동으로 바꾼다.

기술 영역

전동 칫솔

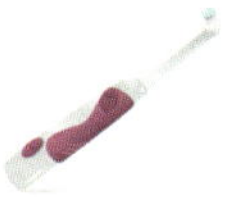

진동으로 효율적인 세척이 가능하다.

전동 드릴(해머 드릴)

일정한 진동으로 일의 효율을 늘린다.

초음파 세척기

초음파로 불순물을 제거한다.

비기술 영역

벨리 댄스

인체에 일정한 진동을 멋으로 표현

심장 고동

엄마의 소리로 편안해지는 아기

잔소리

같은 소리의 반복

19 주기적 작용(Periodic Action)

발명 원리

19. 주기적 작용
(Periodic Action)

개념

연속적으로 하지 않고 주기적으로 한다

- 연속적 작용을 주기적 순간 작동(Impulse: 임펄스)으로 바꾼다.
- 작동이 이미 주기적이면 주파수를 바꾼다.

기술 영역

UWS 기술

임펄스 방식으로 블루투스 거리 문제 해결

전기 프라이팬

온도가 내려갈 때만 작동

임펄스식 급수 스프링클러

일정한 시간에만 물을 공급하여 효율을 향상시킨다.

비기술 영역

꽹과리(사물놀이) 장단

일정 시간 동안의 반복으로 흥을 불러일으킨다.

회의

일정한 회의 시간으로 회사 문제를 해결

정기 휴일, 정기 휴무 조사, 정기 감사 등

주기적인 감사는 회계를 체계화시킨다.

20 유용한 작용의 지속(Continuity of Useful Action)

발명 원리
20. 유용한 작용의 지속
(Continuity of Useful Action)

개념
유용한 작용을 쉬지 않고 지속한다

- 헛된 동작 또는 중간 동작을 제거한다.
- 중단 없이 작동하도록 한다.

기술 영역

4기통 엔진

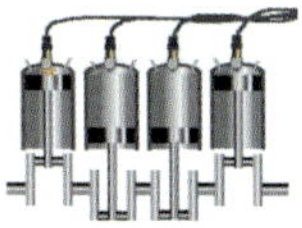

쉬지 않고 회전 운동을
하도록 한다.

프린터 잉크의 무한 공급 장치

잉크를 지속적으로 공급한다.

용접봉 롤

용접을 지속적으로
할 수 있다.

비기술 영역

수프

눌러 붙게 하지 않으려면
계속 저어준다.

24시간 교대 근무

국가의 안전을 위한 조치

밭고랑 사이에는 콩을 심는다

남는 공간을 활용한 수익 창출

21 급히 통과(Rushing Through)

발명 원리
21. 급히 통과
(Rushing Through)

개념: 유해하다면 빨리 진행한다

기술 영역

우유의 고온 살균법
(138도에서 2초간 살균)

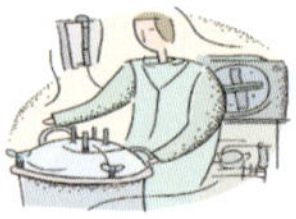

세균을 없애기 위한 살균 과정

알루미늄 절단용 초고속 가공 커터

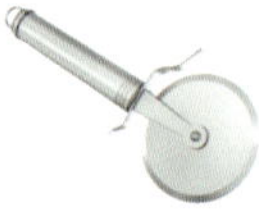

절단 시 발생하는 온도 전파, 변형
방지를 위해 빨리 자른다.

급속 충전기

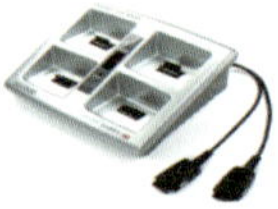

시간 낭비를 위해
급속 충전한다.

비기술 영역

제모 패드

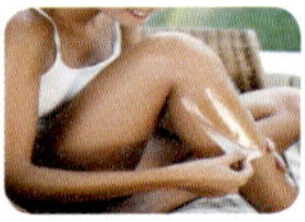

한 번에 떼어내면
고통이 덜하다.

슬픈 기억

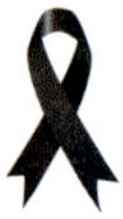

슬픈 기억은 빨리 잊어버릴수록
정신 건강에 좋다.

속독

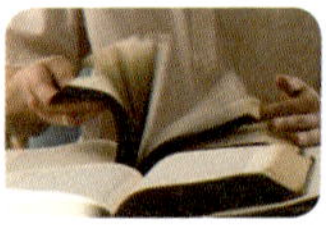

필요에 따라 급하게 책을
읽을 필요가 있다.

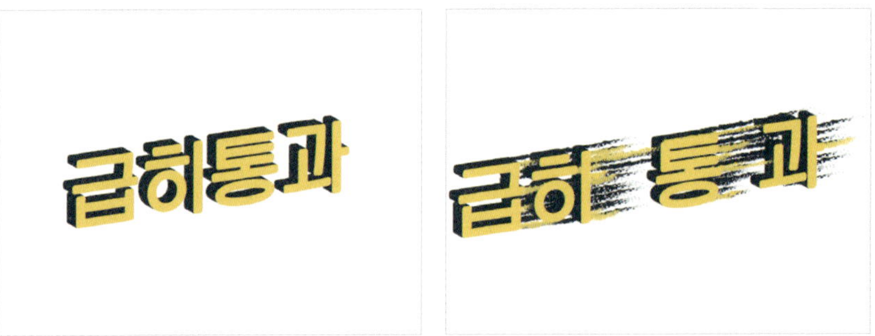

22 전화위복(Convert Harmful to Useful)

발명 원리

22. 전화위복
(Convert Harmful to Useful)

개념

유해한 것을 좋은 것으로 바꾼다

- 유해한 것을 이로운 작용으로 바꾼다.
- 유해한 요소를 소멸시킨다.

기술 영역

노이즈 캔슬링 헤드폰

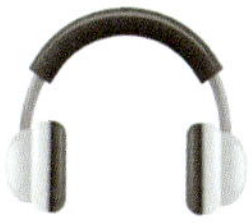

소음을 소음으로 소멸시킨다.

맞불

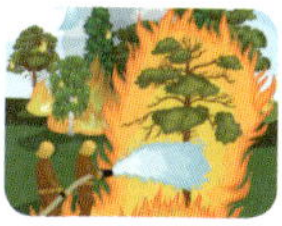

산불 진화 시 맞불을 놓는다.

퇴비

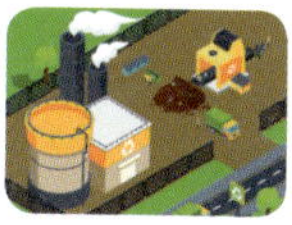

음식물 쓰레기를 비료로 만든다.

비기술 영역

경찰차

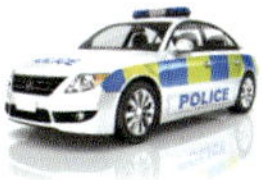

과속 차량을 잡기
위한 고속 경찰차

채찍질

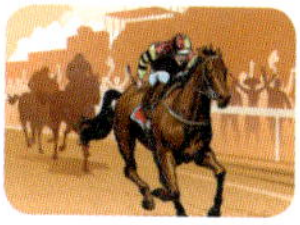

달리는 말에 채찍질을 하면
성적이 올라간다.

맹독

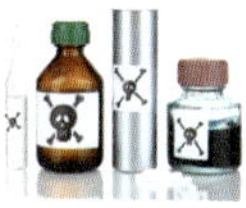

불치병을 치료하는 데
독을 쓴다.

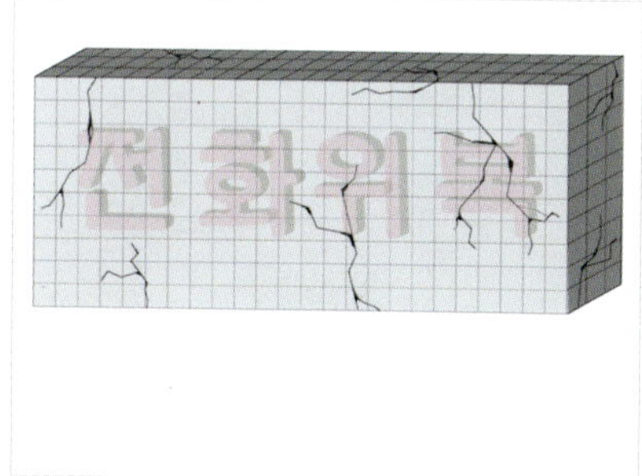

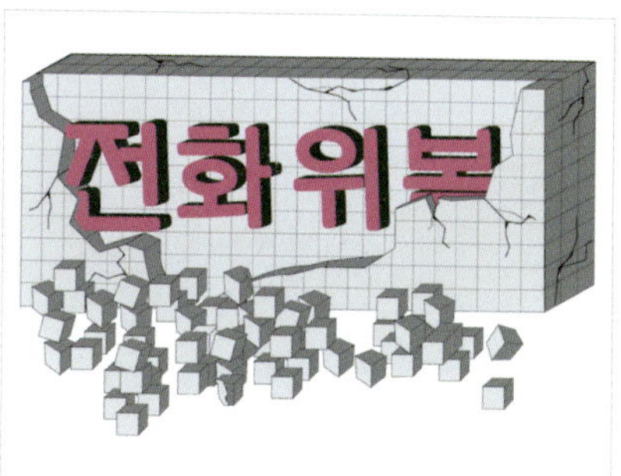

발명 원리
23. 피드백(Feedback)

개념

피드백을 도입한다

- 외부의 변화 요인에 따라 변화하였다가 변화 요인이 없어지면 원래 상태로 되돌아간다.
- 변화된 상태는 육안으로 확인 가능하고 피드백과 함께 자동으로 작동되는 것이 있을 수는 있으나 자동으로 작동하는 것이 반드시 수반되어야 하는 것은 아니다.

기술 영역

선글라스

주변의 밝기에 따라
색깔이 돌아온다.

자동차 계기판의 여러 가지 경고등

센서를 통해 원래 상태의
일정한 정보를 제공한다.

체중계, 도난 경보기

일정한 행위가 없을 시
원위치로 되돌아간다.

비기술 영역

상품평 작성

상품에 대한 자체
평가를 진행

고객의 소리

고객에게 필요한
내용을 듣는다.

업무 피드백

진행을 마친 사업에
대한 토론

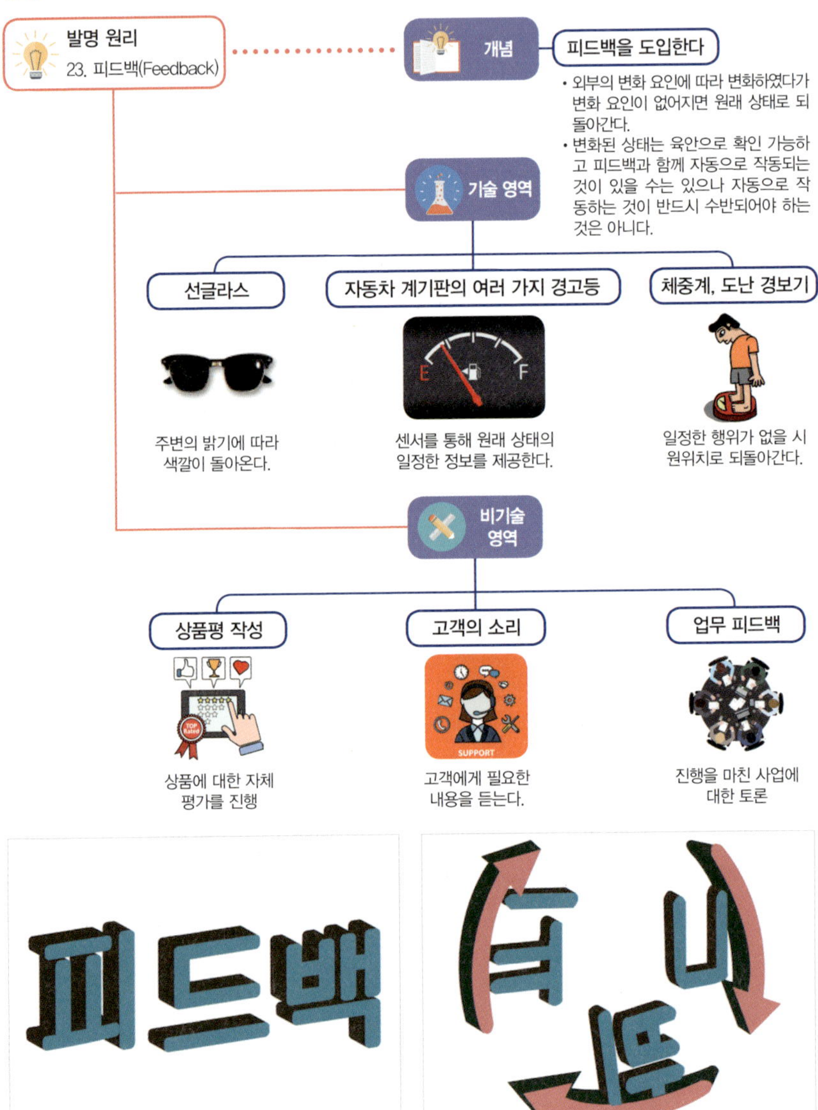

24 중간 매개물(Intermediate)

발명 원리
24. 중간 매개물(Intermediate)

개념 — 직접 하지 않고 중간 매개물을 이용한다

- 매개체를 이용하여 전달하거나 수행한다.
- 쉽게 제거할 수 없는 물체를 원래 물체에 임시로 연결한다.

기술 영역

UPS	기어	USB
서버 전원을 보조한다.	회전 운동을 직선 운동으로 바꾼다.	메모리의 원활한 이동

비기술 영역

운동 경기의 심판	중개인	경매 중개인
경기의 원활한 진행	원활한 협상을 진행	경매 물건의 원활한 진행

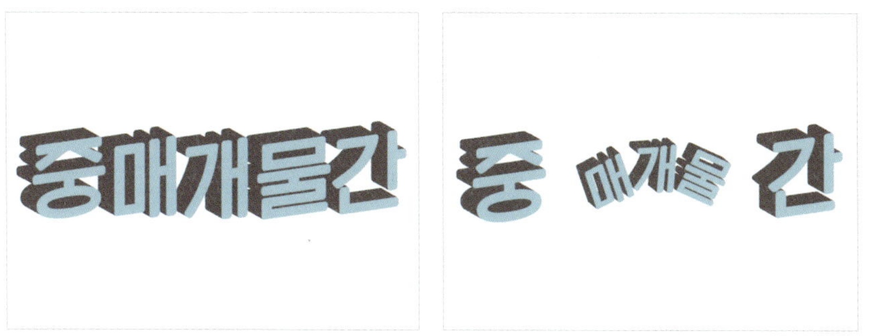

25 셀프서비스(Self–Service)

발명 원리
25. 셀프서비스(Self–Service)

개념

기능이 저절로 수행되게 한다

• 물체가 스스로 서비스하거나 보충 및 수리하도록 한다.
• 버리는 재료와 에너지를 이용한다.

기술 영역

노튜브 타이어

펑크가 나면
자동으로 메워짐.

가로등

타이머를 사용하여 점멸되는
방식으로 활용도를 높임.

자동 주차 시스템

인공지능 컴퓨터를
이용한 주차

비기술 영역

셀프 세탁소

손님이 직접
세탁기를 작동

뷔페

손님 스스로 음식을
가져다 먹음.

셀프 주유소

손님 스스로
기름(전기)을 넣는다.

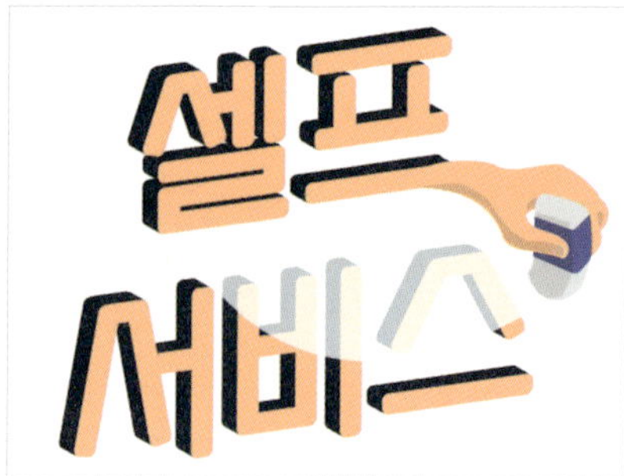

26 복사(Copy)

발명 원리
26. 복사(Copy)

개념

복잡하고 비싼 진품 대신 간단하고 값싼 복제품을 사용한다

• 복잡하고 비싼 진품 대신 간단하고 값싼 복제품을 사용한다.
• 가시광선 대신 적외선 또는 자외선으로 바꾼다.
• 시각적 요소 대신 청각이나 후각적 요소를 이용한다.

기술 영역

적외선 카메라, 열감지 카메라
실사 영상으로 못찍는 영상을 찍는다.

가상 실험
위험 요소를 배제하여 컴퓨터로 실험한다.

화상 회의, 동영상 강의
VIDEO CONFERENCE
화상을 통해 만나 진행한다.

비기술 영역

미니어처
큰 사업 전 미니어처로 테스트

사진
추억을 간직한다.

연습용 장비
고가의 장비는 시합할 때 쓰고, 연습용 장비를 사용한다.

복사

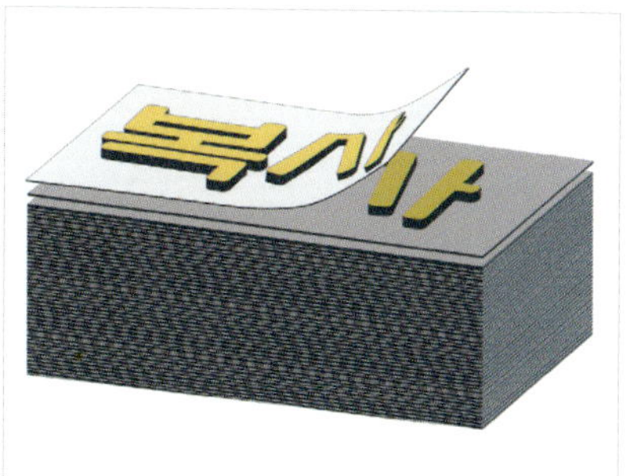

복사

27 일회용(Cheap Short Life)

발명 원리
27. 일회용(Cheap Short Life)

개념 — 값비싼 물체를 값싼 물체로 바꾼다

기술 영역

일회용 수술 도구, 주사기	전투기 조종사 탈출용 좌석	종이컵, 기저귀, 생리대 등
위생을 위해 값싸게 만든다.	생명을 지키기 위해 한 번만 사용할 수 있다.	편리를 위해 값싸게 만든다.

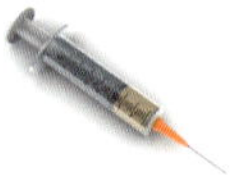

비기술 영역

기회	렌터카	동물카페
시험 때 공평하게 한 번의 기회를 준다.	필요할 때만 사용한다.	필요할 때만 가서 만난다.

발명 원리
28. 기계 시스템의 대체
(Replacing Mechanical System)

개념

기계 시스템을 공학, 음향, 후각
시스템으로 대체한다
• 물체를 전기장, 자기장 또는 전자기
장과 상호작용하게 한다.

기술 영역

LP 가스
마늘 썩는 냄새를 섞어
새는 것을 확인

베어링
마모되면 소리가
나도록 설계

타이어 마모 한계선
타이어의 교체 주기를
눈으로 확인한다.

비기술
영역

어머니 손맛
어떤 식당보다 어머니
음식이 맛있다.

모유 수유
분유보다 모유가 좋다.

수제 가방
대량 생산보다 직접
만드는 것이 좋다.

기계
시스템
대체

기계
시스템
대체

29 공압 및 유압(Pneumatic or Hydraulic System)

발명 원리
29. 공압 및 유압
(Pneumatic or Hydraulic System)

개념 — 물체의 고체 부분을 기체나 액체로 바꾼다
· 공기나 물을 팽창시킨다.

기술 영역

자동차용 에어백, 에어 서스펜션 
충돌 시 공기의 팽창 사용

에어건 
공기압을 이용 먼지를 밀어냄

포크레인 
포크레인은 유압을 바탕으로 가동된다.

비기술 영역

확고한 신념 
어떠한 어려움도 이겨낼 수 있다.

신앙 
어려움 속에서도 신앙을 본다.

수제 가방 
목표로 잡으면 현실이 된다.

발명 원리
30. 얇은 막
(Flexible Membrane and Thin Flim)
개념
통상적인 구조물을 유연한 막이나 얇은 필름으로 바꾼다
• 유연한 막이나 필름을 이용하여 물체를 외부 환경과 격리시킨다.
기술 영역
프라이팬 코팅
우유 배송차
플렉시 탱크
눌어붙지 않게 바닥에 코팅을 한다.
내부에 음료 보관용 테프론 코팅을 한다.
액체의 분말을 효과적으로 이동시킨다.
비기술 영역
비닐 봉지
튀김옷
임기응변
안의 내용물을 보이게 한다.
맛있는 음식을 만들기 위해 밀가루를 입힌다.
순간의 재치를 발휘한다.
얇은막 과 필름
얇은막 과 필름

31 다공성 물질(Porous Materials)

발명 원리
31. 다공성 물질(Porous Materials)

개념: 미세한 구멍을 가진 물질을 사용한다

- 대상물이 다공질이면 그 구멍을 다른 물질로 채운다.

기술 영역

구멍 뚫린 벽돌

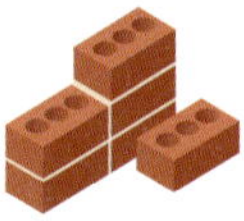

견고성과 효율을 높인다.

고어텍스

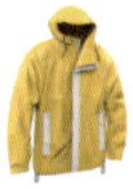

물은 차단하고 습기는 배출한다.

극세사 걸레

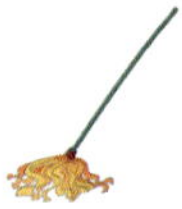

빠른 물기 흡수를 위해 작업 효율을 높인다.

비기술 영역

탈출로

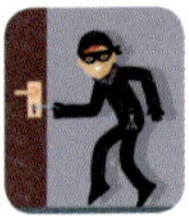

도망을 위해 다양한 통로를 만든다.

틈새 시장 전략

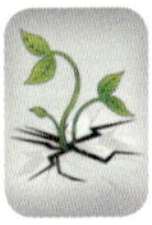

블루오션을 찾은 마케팅

예술 작품

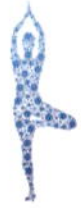

수많은 구멍으로 작품을 만든다.

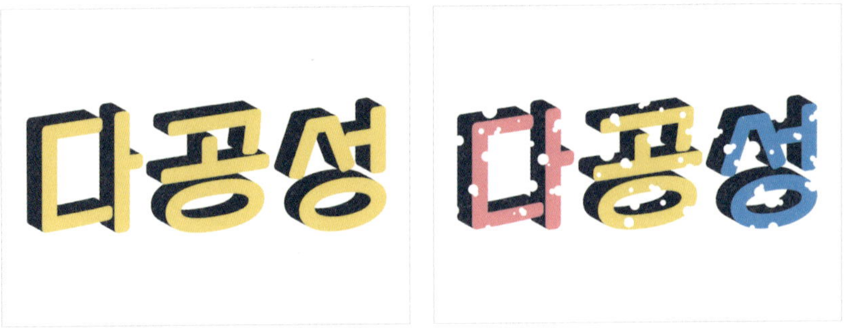

32 색깔 변화(Changing Color)

발명 원리
32. 색깔 변화(Changing Color)

개념
색깔 변화 등 광학적 성질을 변화시킨다

- 색을 입히거나 변화시키는 것만으로도 문제가 해결된다.
- 투명도를 바꾸거나 발광 물질을 첨가한다.

기술 영역

선글라스
색을 입혀 자외선을 차단한다.

반사판을 부착한 트럭 범퍼
멀리서도 확인 할 수 있도록 한다.

전기 피복
원활한 작업을 가능하게 한다.

비기술 영역

경기장 옷 색깔
선수와의 구분을 위해 다르게 한다.

의학 서적
정맥과 동맥을 색으로 구분한다.

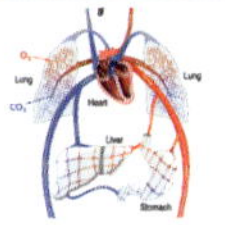

경고 표시
위험을 쉽게 감지하게 하기 위해 눈에 잘 띄는 색으로 표현한다.

33 동질성(Homogeneity)

발명 원리
33. 동질성(Homogeneity)

개념

기왕이면 같은 재료를 사용한다
· 본체와 상호작용하는 주변 물체를 본체
와 동일한 재료로 만든다.

기술 영역

석영 도가니

폴리실리콘의 순도를 위해
석영 도가니를 사용한다.

용접봉

모재와 같은 재료로 용접한다.

철근 콘크리트

열 팽창률을 이용해 철근과
콘크리트로 건물을 짓는다.

비기술 영역

동호회

같은 분야의 정보 교환을 위해

배달

닭 분장을 하고 닭을 배달한다.

광고 모델

10대의 광고는 10대가 한다.

34 폐기 및 재생(Rejection and Regeneration)

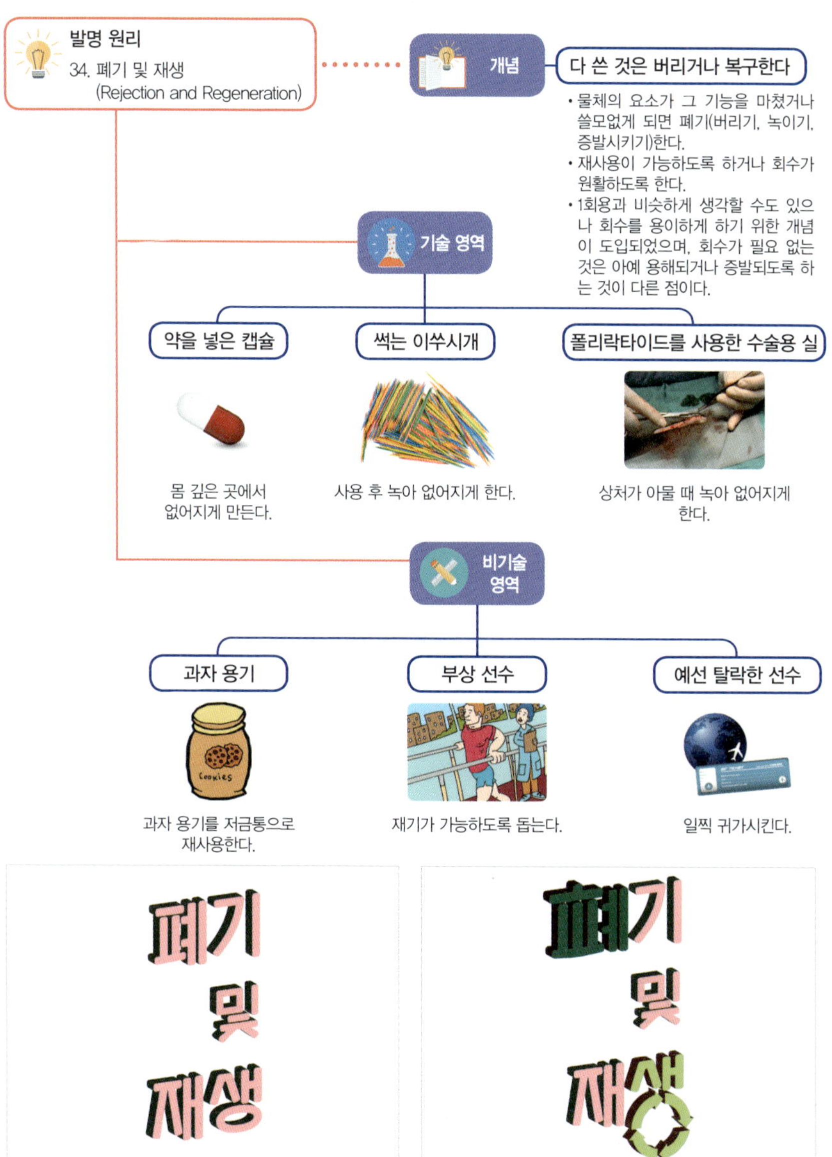

35 속성 변화(Parameter Change)

발명 원리
35. 속성 변화(Parameter Change)

개념 → 물질의 속성을 변화시킨다
- 물리적 상태, 밀도, 농도, 유연성의 정도, 온도, 부피 등을 바꾼다.

기술 영역

산소, 질소 등의 가스 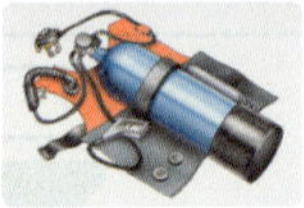
보관을 위해 액화시킨다.

건포도, 육포, 오징어, 쥐포 
물기를 제거해 보관 기간을 연장한다.

라이터 
LPG 가스를 액화시켜 사용 시간을 연장한다.

비기술 영역

영화, 음악, 예술 
국가 정책을 홍보하는 수단으로 쓴다.

드라마, PPL 
광고 효과가 상승한다.

앱 
방대한 정보를 저장한다.

36 상 전이(Phase Transformation)

발명 원리

36. 상 전이(Phase Transformation)

개념 — 상 전이 현상을 이용한다

- 기체가 액체로 변화하거나, 액체가 기체로 변화할 때 생기는 부피의 변화, 발열, 흡열 반응을 이용한다.

기술 영역

PDP TV	깁스	이글루
플라스마 현상을 이용한다.	석고 분말에 물을 부어 고속으로 굳힌다.	내부에 물을 뿌려 온도를 올린다.

비기술 영역

더운 여름에 마당에 물을 뿌린다	스포츠 경기	스캔들
물의 기화 현상 때문에 온도가 내려간다.	침체된 분위기를 반전시킨다.	불리한 상황을 스캔들로 반전시킨다.

37 열 팽창(Thermal Expansion)

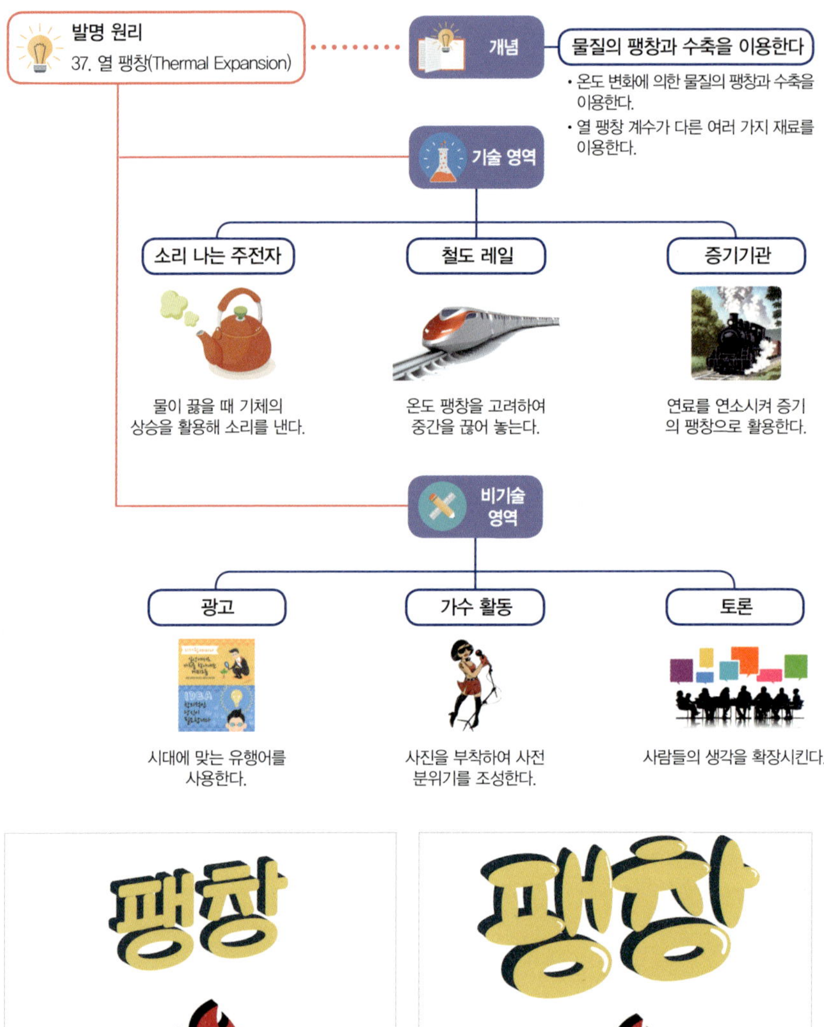

38 산화 가속(Accelerated Oxidation)

발명 원리
38. 산화 가속
(Accelerated Oxidation)

개념

더 높은 수준의 산화로 바꿔 나간다

- 일반 공기는 산화 공기로
- 산화 공기는 산소로
- 산소는 이산화탄소로
- 이온화 산소는 오존화 산소로

기술 영역

오존 살균 탈취기

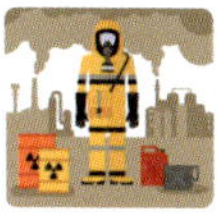

옷이 상하지 않게 작업한다.

고압 산소 요법

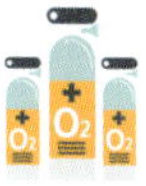

빠르게 작업이 가능하게 만든다.

어항의 산소 공급 장치

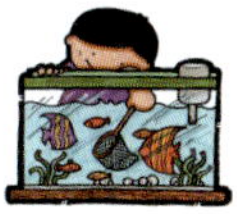

물고기의 생존을 가능하게 한다.

비기술 영역

명랑한 사람

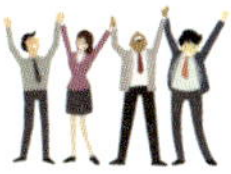

조직을 활력 있게 한다.

웃어 주는 가족

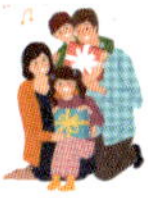

피로를 잊게 한다.

봉사

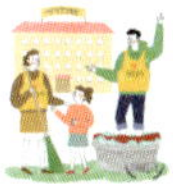

사회 분위기를 밝게 한다.

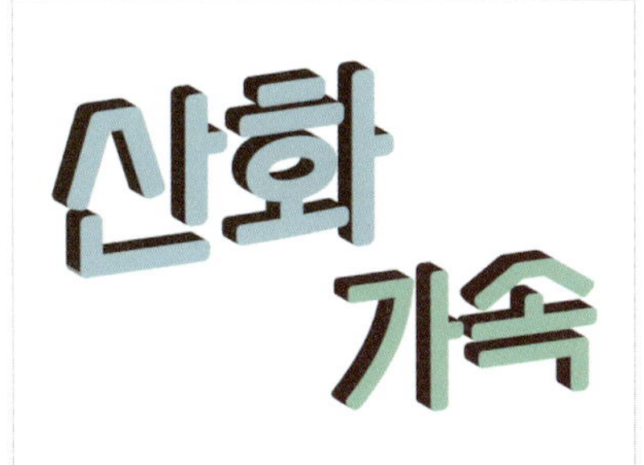

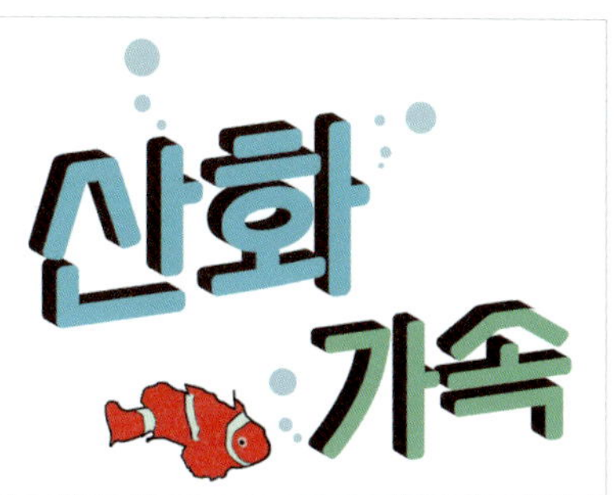

39 불활성 환경(Inert Environment)

발명 원리
39. 불활성 환경
(Inert Environment)

개념 — 정상적 환경을 불활성 환경으로 바꾼다

기술 영역

초저온 탱크

외부를 진공 상태로 만들어 단열 효과를 높인다.

항공 유리

두 장의 유리로 진공 상태를 만들어 방음 효과 상승

통조림

음식을 진공 상태로 만들면 장기간 보관이 가능

비기술 영역

동면

동물의 동면은 신체의 활동을 정지시켜 에너지 소비를 막는다.

물이 끓어 넘칠 때

찬물을 넣어 끓지 않게 한다.

슬픈 노래

흥겨운 자리에서 분위기를 다운시킨다.

TRIZ
MIND MAP
TRIZ
CREATIVE
TRIZ
MIND MAP
CREATIVE

Foreign Copyright:
Joonwon Lee
Address: 127, Yanghwa-ro, Mapo-gu, Chomdan Building 6th floor,
          Seoul, Korea
Telephone: 82-70-4345-9818
E-mail: jwlee@cyber.co.kr

남다른 **창의적인** 사업 아이디어 발상의 힘

트리즈로
정주영 넘어서기

2017. 2. 17. 1판 1쇄 인쇄
2017. 2. 24. 1판 1쇄 발행

저자와의
협의하에
검인생략

지은이 | 오경철
펴낸이 | 이종춘
펴낸곳 | **BM** 주식회사 **성안당**
주소 | 04032 서울시 마포구 양화로 127 첨단빌딩 5층(출판기획 R&D 센터)
     | 10881 경기도 파주시 문발로 112 출판문화정보산업단지(제작 및 물류)
전화 | 02) 3142-0036
     | 031) 950-6300
팩스 | 031) 955-0510
등록 | 1973. 2. 1. 제406-2005-000046호
출판사 홈페이지 | **www.cyber.co.kr**
ISBN | 978-89-315-8037-2 (13320)
정가 | **13,000원**

이 책을 만든 사람들

기획 | 최옥현
편집 · 진행 | 조혜란
표지 디자인 | 앤미디어
본문 디자인 | 앤미디어, 박원석, 박현정
일러스트 | 서용남
이미지 | 게티이미지뱅크, 아이클릭아트, Freepik
홍보 | 박연주
국제부 | 이선민, 조혜란, 고운채, 김해영, 김필호
마케팅 | 구본철, 차정욱, 나진호, 이동후, 강호묵
제작 | 김유석

40 복합 재료(Composite Materials)

발명 원리
40. 복합 재료(Composite Materials)

개념 — 단일 재료를 복합 재료로 바꾼다

기술 영역

타이어 코드

섬유, 고무, 직물,
철사를 결합

콘크리트

모래, 자갈, 시멘트를
섞어 강화

초가

진흙에 짚을 넣어 강화

비기술 영역

퓨전 요리

동서양의 요리를 결합

설득

혼자 설득하기 힘들 때
함께 한다.

2개의 학위

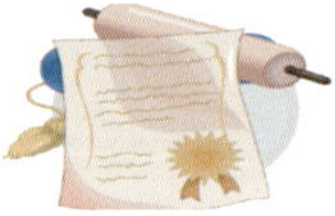

부전공으로 또다른
학위 취득